Traços do
INFINITO

Francisco Gallo Neto

Traços do Infinito

Inspirado pelo espírito de Carmen de Oliveira

© 2003, Madras Editora Ltda.

Editor:
Wagner Veneziani Costa

Produção e Capa:
Equipe Técnica Madras

Revisão:
Miriam Rachel Ansarah Russo Terayama
Elaine Garcia
Rita Sorrocha

Tiragem:
2 mil exemplares

ISBN 85-7374-538-X

Embora esta obra seja de domínio público, o mesmo não ocorre com a sua tradução cujos direitos pertencem à Madras Editora. Fica, portanto, proibida a reprodução total ou parcial desta obra, de qualquer forma ou por qualquer meio eletrônico, mecânico, inclusive por meio de processos xerográficos, incluindo ainda o uso da internet, sem a permissão expressa da Madras Editora, na pessoa de seu editor (Lei nº 9.610, de 19.2.98).

Todos os direitos desta edição reservados pela

MADRAS EDITORA LTDA.
Rua Paulo Gonçalves, 88 — Santana
02403-020 — São Paulo — SP
Caixa Postal 12299 — CEP 02013-970 — SP
Tel.: (0_11) 6959.1127 — Fax: (0_11) 6959.3090
www.madras.com.br

ÍNDICE

Capítulo I
O Quadro 7

Capítulo II
O Futuro 9

Capítulo III
Exatidão 11

Capítulo IV
Influências 13

Capítulo V
O Baile 17

Capítulo VI
Encontro 21

Capítulo VII
A Declaração 27

Capítulo VIII
"Ara" Madalena 35

Capítulo IX
A Revista 43

Capítulo X
Uma Nova Rotina 55

Capítulo XI
Assumindo Débitos 61

Capítulo XII
Reflexões 71

Capítulo XIII
Reencontros 79

Capítulo XIV
Novos Caminhos 87

Capítulo XV
Novas Obras 105

Capítulo 1

O Quadro

As pinceladas deixavam as últimas marcas no quadro. Pronto! Finalizara seu trabalho. Meses de dedicação e esforço, noite e dia, com pouquíssimas paradas, somente as necessárias à alimentação e ao estudo. Meses de trabalho, mas quantos anos não havia estudado e se dedicado ao aprendizado? Quanto não lera de artistas famosos, quantas obras não analisara detalhadamente e quanto não deve ter aborrecido seu querido mestre, que há pouco deixara o plano material? Mas sua obra estava terminada e ele, o artista, estava orgulhoso por ela. Era como se fosse um filho e ele, pai e mãe ao mesmo tempo, amava cada detalhe, cada contorno, assim como amou cada etapa daquele processo. Aquele quadro, um filho para si, era o primogênito, mas muitos outros haveriam de vir.

Após algum tempo de contemplação, deixou sua obra cuidadosamente guardada e merecidamente partiu para o repouso, que se fazia necessário.

* * *

Era o último bezerro. Todos já haviam sido recolhidos e estavam aconchegados ao lado da mãe. Quanto amor também possuíam os animais e quantos homens ainda não tinham aprendido a amar? Ela olhava ternamente aquele bezerrinho, tão feliz ao reencontrar a mãe. Quantas horas não havia ficado separado do seio materno para que os homens pudessem usufruir do leite que a ele pertencia. Mas era esse seu destino e nada poderia fazer; viveria resignado.

Ela, a responsável pela separação entre o bezerro e a mãe, não se sentia culpada, pois também precisava sobreviver. Olhava suas roupas sujas pelo trabalho que executara. Mas amava o que fazia e fazia-o com esmero e máxima perfeição. Iria agora para sua humilde casa no sítio que os abrigava e, assim, dedicaria o resto de sua noite de garota esforçada a cuidar do pai, pois somente a ele tinha nesta vida. Passaria ainda algumas horas agradáveis, mesmo consciente do estado debilitado de saúde dele, mas estava feliz e seguiu rumo ao lar.

CAPÍTULO II

O FUTURO

Chovia muito naquele fim de tarde de verão. Raios iluminavam o céu, dando-lhe a rara beleza que somente a chuva proporciona.
Com sua obra devidamente protegida, colocou-a no banco do carro e partiu para o que seria seu primeiro desafio como artista.
Honório estava orgulhoso e a cada minuto imaginava seu trabalho exposto, com a admiração de todos a que tivesse direito. Aquele quadro era sua vida. Dirigia divagando acerca das possibilidades que aquela obra poderia proporcionar-lhe e em tudo que faria para alcançar seus objetivos. Ser conhecido, ser admirado, ser aplaudido, ser solicitado!
Mas quão imprevisível é o futuro e, ignorando o sinal vermelho, chocou-se lateralmente com um ônibus coletivo.
O acidente fora demasiadamente violento, tirando-lhe a vida em poucos segundos. Honório nada sentira de dor física e seu espírito, em instantes, desprendeu-se do invólucro carnal.
Seu quadro, sua obra, para espanto de todos que observavam o carro totalmente destruído, nada sofrera.
A polícia fez seu trabalho, assim como o resgate, recolhendo o corpo. O motorista estava perplexo, mas não fora culpado de nada, contando, para sua defesa, com muitas testemunhas.
Em pouco tempo o caminho estava livre novamente e a vida, como não poderia deixar de ser, seguia sem interrupção na Terra.
Alguns anos se passaram e vamos encontrar o trabalho de Honório exposto num museu de arte. Um entre muitos nomes respeitados.

Sua obra era visitada e admirada, assim como também criticada. Mesmo assim, Honório conseguiu seu objetivo e seu trabalho estava sendo reconhecido como o de um artista sensível e talentoso, que infelizmente abandonara cedo o plano material, deixando somente uma obra.

* * *

A vida prosseguia tranqüila no sítio. Madalena continuava suas atividades como de costume, dedicando ainda mais cuidados ao pai que, agora acamado, pouco podia fazer em seu auxílio.

Madalena carregava há tempos uma sensação que em nada lhe era agradável; sentia que em pouco tempo estaria só. E o que seria de sua vida? Somente ao pai tinha. Estava com 17 anos e não havia outro parente que pudesse auxiliá-la. Sua mente estava tensa... Sabia das dificuldades do sítio, não seria fácil, pois, bem ou mal, realizava o trabalho diário de acordo com as determinações do pai.

Madalena estava aflita. Preferiu desvencilhar-se dos maus pensamentos e seguir suas atividades. Deus com certeza a auxiliaria.

Após os trabalhos finais no sítio, recolheu-se à sua casa e, como era de costume, fora desejar boa noite ao pai; este não respondeu. Madalena aproximou-se do leito e viu o pai imóvel, frio. Nada mais poderia fazer.

Ajoelhada junto à cama, fez sua oração e pediu que Deus iluminasse e bem recebesse a alma do pai.

Instantes depois, Madalena decidiu levantar-se. Tomaria as medidas necessárias e, como há tempos havia pressentido, seguiria só e triste sua jornada na Terra.

Capítulo III

Exatidão

O espírito, após seu desprendimento do corpo físico, prossegue sua jornada rumo a novos aprendizados e trabalhos, mas, muitas vezes, o espírito ainda não esclarecido permanece preso à orbe terrestre, com as mesmas sensações de quando era encarnado.

O auxílio a este tipo de espírito é tentado constantemente pelos benfeitores espirituais, mas apenas se concretiza quando o próprio espírito decide ajudar-se.

Encontraremos Honório no museu onde seu trabalho estava exposto. Não se conformava em não poder colher os frutos de seu trabalho. Algum tempo já havia passado, o suficiente para Honório compreender sua nova condição. Apenas não entendia como Deus, sendo bom e misericordioso, fizera isso com ele após tanto sacrifício!

Era um dia especial no museu. Estava sendo realizado um leilão para arrecadar fundos para a restauração da galeria principal. Várias obras seriam leiloadas; entre elas, a de Honório.

O leiloeiro cuidadosamente separava os lotes e, quando viu que todos estavam confortavelmente instalados, deu por aberta a sessão.

— Iniciaremos por este quadro: a única obra de um talentoso artista que, infelizmente, não teve tempo de concluir outros trabalhos. Reparem nos traços, na exatidão das linhas. Posso, sem estar sendo ambicioso, abrir com um lance mínimo de R$ 5.000,00.

— R$ 8.000,00 — gritou uma senhora na primeira fila.

— R$ 12.000,00 — foi a contra-oferta de um jovem rapaz elegantemente vestido e que, até então, havia permanecido em silêncio no salão.

— Nenhuma outra oferta? Sendo assim, este quadro, cujo título é "Exatidão", de Honório Bastos, está vendido por R$ 12.000,00. Fez um belo negócio, meu jovem! Vamos à próxima peça.

O rapaz, ao término do leilão, pagou o valor do lance e, com sua obra em mãos, retirou-se do museu. Honório, angustiado e tenso, seguiu-o. Sua mente ainda estava fragilizada e pouco compreendia da espiritualidade. Somente conseguia formular pensamentos de ódio para aquele rapaz que carregava sua obra.

"Essa obra é minha, minha, seu ladrão!" — remoía.

O rapaz entrou em seu veículo e partiu, tendo em sua companhia Honório que, com lágrimas nos olhos, contemplava seu quadro e, ao olhar para o rapaz, sentia profunda vontade de aniquilá-lo.

* * *

Madalena não tinha outra alternativa. Seria necessário vender o sítio. Como o pai não a tinha alertado a respeito da dívida com o banco? Era muito dinheiro e se tivesse sorte em fazer um bom negócio, sobraria apenas um pequeno montante, que daria no máximo para comprar uma pequena casa. E o que faria da vida? Apenas tinha terminado o ensino médio e nunca havia feito outra coisa a não ser cuidar de gado, lago, plantações das mais diversas... Como não havia notado que o pai estava em crise? Devia ter percebido que com o tempo os poucos funcionários do sítio foram sendo dispensados, ficando apenas um rapaz, seu amigo de infância, que ajudava no que podia e ganhava quase nada.

A quem recorreria? Bem, havia o senhor Malaquias, antigo amigo de seu pai, que a vira nascer. Sabia que podia confiar nele. Conversaria com o senhor Malaquias ainda naquela noite, após encerrar suas habituais tarefas.

Capítulo IV

Influências

Matheus lia o jornal e pensava... Por que gastara R$ 12.000,00 num quadro desconhecido? Quem seria aquele Honório? Talvez um pobre coitado que morreu de fome em nome da arte. Precisava criar juízo... Estava com 22 anos e não podia sair por aí gastando todo dinheiro deixado pelo pai e depois ficar quebrado, como inúmeros casos que conhecia. E o que seu pai fizera da vida? Apenas trabalhou, trabalhou, juntou dinheiro e morreu. Nunca teve o prazer de fazer o que tinha vontade. Mas com ele seria diferente. Era esperto. Comprara aquele quadro apenas para impressionar os que estavam presentes. Gastaria melhor o dinheiro do pai, afinal, era jovem e rico. Gastar era necessário, mas pensaria melhor no seu futuro investimento.

O quadro que comprara estava num canto e junto dele, Honório, agachado, ainda permanecia abalado com a retirada do quadro do museu.

"Onde este quadro estiver eu estarei junto" — pensava Honório. — "Ele deve voltar para um local público, onde muitos possam admirá-lo e falar meu nome."

Matheus folheava o jornal na seção de Classificados. Honório vagarosamente aproximou-se para observar o que Matheus fazia. Liam juntos os anúncios. Honório interessou-se por um:

"Vendo Sítio. Às margens do rio Tatuípi, 18 alqueires. Várias culturas plantadas. Pasto farto, instalações conservadas. Tel. p/ contato..."

Matheus não queria gastar dinheiro? Honório iria ajudá-lo; afinal, sempre quis ter um local tranqüilo para pintar, longe da agitação da cidade grande. É certo que não pintaria, mas, se a

morte se resumia nisso que estava vivenciando, queria um lugar tranqüilo, mesmo que somente ele admirasse seu próprio trabalho...
Honório chegou ainda mais perto de Matheus e, próximo ao seu ouvido, passou a pronunciar suas idéias:
— Ligue, rapaz! Informe-se. Você tem dinheiro, seria ótimo um lugar como esse, com verde e muita água. Passaria horas agradáveis nesse local. Ligue!
Matheus leu e releu várias vezes o anúncio. Que tal um sítio? Afinal, era um investimento seguro; depois, se quisesse, poderia vendê-lo. Ligaria no dia seguinte, pois já era tarde e precisava dormir.

* * *

Madalena seguia alegre a conversa com o senhor Malaquias e sua esposa, dona Alva.
— Seu pai, minha filha, era um sujeitinho muito orgulhoso. Se tivesse comentado com a gente dessa baita conta, nós teríamos com certeza ajudado. Mas não fica com essa carinha não, filha! Se você acha que deve vender e ir embora, seguir sua vida, faça em paz.
— Coloquei anúncio em vários jornais, inclusive alguns da Capital.
— Com certeza alguém virá te procurar. Sentiremos sua falta — disse dona Alva, com os olhos marejados de lágrimas.
— Não faça assim que eu choro, dona Alva! Mesmo que eu vá embora, virei sempre aqui. Tenho vocês como se fossem da minha família.
— Mas para onde irá, minha querida? — perguntou senhor Malaquias.
— Ainda não sei. Com o que sobrar da venda do sítio pretendo comprar uma casinha, estudar alguma coisa para poder arrumar um trabalho. Aqui não conseguirei nada, a cidade é muito pequena e tudo gira em torno da agricultura e pecuária. Fica difícil...
A conversa prosseguiu por mais alguns instantes. Madalena despediu-se e foi para casa. Era noite alta e fazia uma agradável noite. Lua cheia, muitas estrelas, um frescor maravilhoso e perfumado devido à grande quantidade de flores que havia no caminho.
Chegando ao sítio, resolveu andar um pouco. Foi até o curral, no qual, por alguns instantes, admirou os animais. Todos em silêncio. Os bezerros olhavam-na profundamente, como que antevendo que até suas vidas mudariam.

Percorreu por um longo tempo os pastos, recordando por quantas vezes correra ali com seu pai. Ele, ao seu lado, mostrando cada animal, ensinando seus costumes. Foi engraçada a primeira vez que foi ordenhar a vaca. Apertava, apertava e não saía nada. Tinha o jeito certo. E as plantações? Já foram muitas; hoje, um pouco de feijão e milho. Frutas, verduras, legumes que eram abundantes e supriam vários feirantes, agora restavam apenas poucos pés. E aquele rio? Quantos banhos, pescarias, horas agradáveis... E também a única lembrança de sua mãe. Há quantos anos? Sete, oito, dez? Somente se lembrava de que uma vez ela e seu pai conversaram ali, na beira daquele rio. Antes disso, nunca havia visto a mãe. Um dia, aquela mulher aparecera e o pai a apresentara como sendo sua mãe! Após o almoço, voltaram a passear perto do rio. De longe, pôde ver que discutiam. Ela gritava e gritava. O pai apenas ouvia. Ela virou-se e, antes de partir, veio até Madalena:

— Menina, menina! Sempre por sua causa!

Essa era a única frase de recordação que tinha da mãe. Depois disso, virou-se e foi embora, para nunca mais voltar. Seu pai nunca mais fora o mesmo. Adoecera e sua saúde nunca se restabelecera por completo, até falecer.

Quando lhe perguntava sobre a mãe, a resposta era sempre a mesma:

— Você não tem e nunca teve mãe! Esqueça isso.

Madalena preferiu afastar os pensamentos e continuar caminhando. Após mais algumas voltas, decidiu ir pra casa. Tomaria um banho e recolher-se-ia, pois já estava tarde.

Após o banho, viu-se em frente ao espelho. Estava mudada. Nunca havia reparado em si mesma. Os cabelos louros sempre desalinhados. O corpo, agora de mulher, nunca havia recebido um cuidado mais apurado, nunca fora vaidosa. Adorava seus olhos azuis. Como os da mãe. Nunca tivera um namorado. Nenhum garoto nunca lhe despertara interesse. Nunca havia beijado...

Não sabia o que era diversão. Na escola, sempre era convidada para sair, mas preferia ir para casa, realizar suas tarefas e ficar ao lado do pai. Sempre a acharam estranha. Não se importava, achassem o que quisessem. Mas precisava cuidar melhor de si.

No dia seguinte, estava resolvido, iria à cidade, compraria roupas e iria ao cabeleireiro. Seria divertido e diferente.

Madalena adormeceu sorrindo...

CAPÍTULO V

O BAILE

— Entra, bezerro! Entra! Êta bicho teimoso! Vô te catá no reio, bicho besta!
Não adiantava empurrar o animal. Não queria entrar de jeito nenhum no curral. José estava ficando impaciente. Nunca antes um bicho desrespeitara-lhe. Nunca também precisou bater em nenhum.
— É tua úrtima chance, pintado! Entra!
José não conseguiu fazer com que o bicho entrasse.
— Só a Madalena bota rumo nocê, bicho sem graça. Dexa ela chegá, ara!
José desistira. Largou o animal no pasto e ia seguir seu caminho quando, ao longe, avistou Madalena.
Como era de costume, o coração de José disparara. Por que essa sensação estranha? Foram criados juntos, ele, José, freqüentara a mesma escola que ela.
Os pais de José não tinham sítio, viviam da produção de doces caseiros mais o pouco que José ganhava na ordenha no sítio de Madalena.
Mas ele, José, sentia qualquer coisa diferente pela garota. Não era apenas amizade, sabia disso.
Em meio aos pensamentos, viu Madalena aproximar-se. Como estava diferente... Os cabelos, as roupas... o perfume!
— Que foi, Zé? Algum problema? — disse ironicamente Madalena.
— Nada, Madalena, nada! Só o pintado que não qué sabê de entrá no currau e... Pra que essa chiquesa toda?
— Nada, Zé, nada! Hoje resolvi mudar meu jeito.
— Mudar prá quê, ara!
— Quero passear hoje à noite. Vou até a cidade.

Madalena iria sozinha para a cidade, toda perfumada e formosa daquele jeito? Ele tinha que estar junto.
— Olha, Madalena, tem o baile do clube, se quiser, posso te levar.
— Não sei, Zé... Nunca fui a um baile.
— Ara, Madalena! É só um baile. Todo fim de semana tem.
— É... Está certo. Vou com você. Que horas?
— Te pego na sua casa de noitinha.
— Combinado.
Madalena seguiu para sua casa e José, despreocupado, foi embora, e ambos esqueceram o pobre bezerro ao relento...
Mal entrara em casa, o telefone tocou:
— Alô.
— Bom dia, você que está vendendo o sítio?
— Sim.
— Bem, quem fala é Matheus, eu gostaria de saber se posso conhecer o local, fazer uma visita...
— Claro que sim. O senhor vai adorar. Quando pretende visitar?
— Hoje mesmo se possível.
— Hoje? Sem problema!
— Ótimo. Qual o endereço?
Matheus tomou nota do endereço. Iria imediatamente conhecê-lo. O campo, ar puro, água fresca. Que maravilha! A viagem duraria no máximo três horas, com certeza chegaria pouco depois do almoço.
Honório comemorava intimamente sua vitória. Matheus entrava cada vez mais em sintonia com ele. Honório encontrava cada vez mais facilidade em influenciá-lo no que fosse conveniente.
— Apresse-se, Matheus! Quero conhecer logo meu novo lar! — disse Honório.
Matheus preparava-se para seguir viagem.
— Falta apenas a chave do carro... Aqui está! Pronto!
Honório não concordava. Faltava algo mais. Matheus captava esta sensação em forma de dúvida. Estaria esquecendo algo?
— O quadro, seu burro! O quadro! — esbravejava Honório.
Matheus olhava todo o apartamento, procurando algo que talvez pudesse estar esquecendo.
— O quadro, o quadro! — gritava Honório.

Matheus pousou o olhar sobre o quadro.
— Vamos rapaz, pegue! — disse Honório.
Matheus olhou e olhou para o quadro. O que faria com aquilo na viagem? Estava ficando louco. Não precisava de um quadro para viajar. Sem mais hesitar, pegou as chaves e saiu. Honório, furioso, seguiu atrás. Matheus dirigia nervoso. Suava. Por que estava assim? Estaria ficando resfriado? Honório, no banco traseiro, estava com as mãos pousadas sobre sua cabeça, como se tentasse apertá-la.
— Seu estúpido, estúpido! Como deixa meu quadro jogado assim? Você o tira do museu para deixá-lo largado? Morra, rapaz, morra!
E com mais força e mais ódio, Honório apertava a cabeça de Matheus. Este, sentindo-se extremamente mal, resolveu encostar o carro no acostamento.
— Nossa! Que dor de cabeça... enjôo. O que está acontecendo comigo?
— Morra, Matheus, morra! Fique como eu, para que eu possa fazê-lo sofrer ainda mais!
Por fim, Honório deu-se por satisfeito. Afastou-se um pouco de Matheus, que, sentado, cochilou por alguns instantes.
— Vamos, seu inútil! Prossiga essa viagem! — disse Honório.
Vendo que Matheus voltava a dirigir, sentou e aquietou-se no banco traseiro, até a chegada ao sítio.

Capítulo VI

Encontro

Calça, camisa, cinto, sapato de couro e perfume de domingo. Tudo pronto. Olhava-se no espelho e aprovava o visual. — Êta trem lôco, sô! Se eu fosse muié me agarrava, ara! — dizia José, admirando-se no espelho.

— Hoje eu falo pra Madalena tudo que eu tô sentindo, que tá preso no meu coração. Num quero que ela vá embora. Acho que amo a danada! Sei que amo, ara!

Sem perceber que a mãe estava na porta, José continuou a falar consigo mesmo.

— Vô coiê aquelas rosa do quintar e dá prá ela. Ou será bobera, que nem nos firme?

— Vai dar flor prá quem, Zé? — disse sua mãe entrando sorridente.

— Ara, mãe! Como que a senhora entra de repente, sem avisá?

— Qué isso, fio? Nunca precisei avisá prá entra no seu quarto. Bobera! E onde ocê vai todo prefumado assim?

— Vô pro baile, mãe.

— Êta juventude boa! E flor prá quem?

— Ara, mãe, deixa disso!

— Só quero sabe quem que tá mexendo com o coração do meu fio, se é que num sei...

— Sabe o quê, sô?

— Fio, fio... Mãe enxerga longe... Acha que nunca percebi o jeito que olha e sorri prá fia do finado Tonho, a Madalena? Só que a menina num sai de casa, acho que ocê vai caí do cavalo!

— Num saía, mãe, num saía! Ela vai no baile comigo.

— Ê trem doido, Zé. Mais me escuta, respeita a moça que é menina direita e oceis cresceram juntinho. Às veiz ela pode vê nocê só um amigo.
— Ara, mãe, ela também vai gostá de mim que nem eu gosto dela!
— Pode sê, fio, pode sê! Mas o coração às veiz prega peça. Só falo isso porque eu te amo com ou sem prefume!

José saiu de casa um pouco pensativo sobre as coisas que a mãe havia dito, mas caminhava sorrindo e, em pouco tempo, estava tranqüilo novamente. Iria buscar Madalena em casa. Caminhava despreocupado, com algumas rosas na mão. Chegara a noitinha...

Matheus conseguira chegar à cidade e, com o papel do endereço na mão, foi aos poucos se informando, até que conseguira encontrar o sítio.

Apreciou a entrada, bonita fachada. Estacionou seu carro junto à porteira e, sem hesitar, bateu palma. Como ninguém apareceu, decidiu gritar. Após alguns instantes, uma jovem moça, loura, aparecia para atendê-lo.

— Sim?
— Boa noite. Sou Matheus, liguei hoje dizendo que viria ver o sítio — sorria ao dizer.
— Sim, claro. Eu sou Madalena; fui eu quem o atendeu. Só pensei que viria mais cedo...
— Desculpe-me, tive alguns contratempos no caminho. Eu...
— Por favor, entre.

Fizeram um pequeno trajeto até a residência. Logo estavam instalados na sala.

— Senhor Matheus, o horário não é adequado para conhecer o sítio, pois a iluminação é fraca. Sugiro que...
— Madalena! — gritava José na porteira.

Madalena pediu que Matheus aguardasse um instante para receber José.

Matheus estava fascinado. Como uma beldade daquelas havia ficado tanto tempo reclusa no mato? Ela precisava conhecer uma cidade grande, uma vida que recompensasse sua beleza. Bares, boates, conhecer uma pessoa como... ele! Valeu a pena a viagem. Ficaria mais, afinal, nada tinha a fazer ou compromissos.

Enquanto pensava, Madalena e José entraram na sala.

— José, este é o senhor Matheus. Veio por causa do anúncio no jornal.
— Ara, mas veio ver sítio de noite? — disse José, estranhando o horário da visita.
— Bem, desculpe-me. É que tive alguns problemas durante a viagem e, devo confessar, nada entendo de sítio. Confiarei no que a moça me passar. Eu apenas procuro um local tranqüilo onde possa descansar vez ou outra.
— Amanhã cedo — completou Madalena — poderei mostrar-lhe todo o sítio.
— Tem uma pousada na cidade, a da dona Lourdes. Fique lá até de manhã cedo — dizia José, querendo se livrar o mais breve possível da incômoda visita.
— Claro, ficarei lá. Aliás, eu já vou embora. Devo estar atrapalhando o casal que, pelo visto, vai sair.
— Casal? — indagou surpresa Madalena — Bem, José é meu amigo e vamos a um baile na cidade.
— Baile? Que interessante. Posso dar-lhes uma carona, assim mostram-me a pousada.
Contrariado, José aceitou a carona. "Amigos? Ara", pensava José. Mas Madalena ainda não sabia sobre seu amor, que seria declarado com as flores que jogou fora quando viu a desagradável visita.
Em pouco tempo, estavam na cidade. José indicou a pousada e despediram-se.
— Obrigada, senhor Matheus, amanhã sem falta mostro-lhe todo o sítio.
— Sim e... por favor, pare de me chamar de "senhor", afinal somos quase da mesma idade.
— É verdade. Eu também me sinto mal de chamá-lo de "senhor".
— Então, até amanhã e bom passeio.
— Obrigada — despediu-se Madalena.
José e Madalena caminhavam em direção ao baile.
Honório, quieto, apenas observou toda a movimentação da noite. Sentiu o quanto seu subjugado havia se interessado pela moça.
Matheus, após pagar o quarto, recolheu-se para descansar. Antes, observou com desdém o local.

— Que choupana! Fim de mundo miserável. E que calor, credo! Bicho voando, fazendo barulho. Como alguém consegue passar toda a vida confinado num lugar assim? Ah, Madalena! Você precisa conhecer outra vida, é uma princesa. Você merece outro lugar, ter de tudo. E esse caipirão que saiu com você? Parece figurante de filme de velho oeste.

Matheus continuou falando sozinho, enquanto Honório escutava e sorria.

— Gostou mesmo da moça, hein, Matheus? — dizia andando em círculos ao redor do rapaz, que estava sentado. — Gostou? Vá, rapaz, invista nela. Ela está sozinha, não tem nada nem ninguém. Se tiver uma boa conversa, a levará aonde quiser.

Uma idéia passou pela cabeça de Honório. Por que não pintar novamente? Será que poderia de alguma forma se utilizar de Matheus? Será que aquelas histórias de espíritos que ditavam livros e pintavam quadros era mesmo verdade? Então, era assim que funcionava? Sabia que podia influenciar Matheus quanto quisesse. Poderia, certamente, fazê-lo pintar certamente, a seu gosto.

Honório aproximou-se mais de Matheus, sentando ao seu lado.

— Você reparou no rosto dela, Matheus? Ela é linda, não é?

Matheus pensava somente em Madalena. Estava fascinado, ainda mais com a influência de Honório. Queria tê-la ao seu lado naquele instante.

— Desenhe o rosto dela, Matheus. Desenhe. Pegue lápis, papel e pinte sua paixão.

Matheus pouco a pouco ia tomando parte do pensamento de Honório. O rosto de Madalena, os lábios, os olhos azuis o sorriso meigo e cativante.

Subitamente, estava à procura de lápis e papel e, ao achar, sentou novamente na mesa. Iria desenhar o rosto da pessoa que repentinamente tomara conta de seus pensamentos.

Para Honório, era uma experiência nova e excitante. Conseguira incitar Matheus a sentar e seguir sua vontade, mas como poderia fazê-lo pintar?

Matheus, sentado em uma pequena mesa, com lápis e algumas folhas de papel na mão, imaginava os traços de Madalena. Mas como transformá-los em uma pintura? Nunca havia pintado, exceto na pré-escola.

Honório, talvez mais assustado que Matheus, pensava em como fazê-lo pintar. Repentinamente, pousou suas mãos sobre as de Matheus e, lentamente, relembrando os traços de Madalena, formas iam surgindo, para o espanto de Matheus. E, quanto mais iam integrando-se e concentrando-se no desenho, melhores e mais firmes linhas iam surgindo.

Passara-se cerca de uma hora e meia quando Honório deu por terminada sua primeira obra póstuma.

Matheus observava surpreendido aquele desenho. Como fizera aquilo? Estava perfeito, parecia uma foto de Madalena.

Carinhosamente, guardou sua obra e decidiu tomar um banho, pois havia um baile na cidade e não enxergava melhor oportunidade para cortejar a musa que, inesperadamente, tornara-o um artista.

Capítulo VII

A Declaração

— Fale alguma coisa, Zé. Faz muito tempo que estamos aqui, sentados, olhando todos se divertirem e você aí, com essa cara de aflito!

José percebera que aquele era o instante. Se quisesse realmente declarar seus sentimentos para Madalena, precisaria criar coragem e aproximar-se dela. Dizer o quanto a amava e a queria perto de si. Ah, se falar fosse tão fácil quanto pensar...

— Madalena... eu... ara, tenho argo prá te dizê!
— Fala Zé, o que é?
— Óia, Madalena, faz muito tempo. Prá sê sincero, acho que muitos anos, que tô com isso entalado aqui no peito.

E José, aproximando-se de Madalena, olhando firmemente em seus olhos...

— Eu amo ocê, Madalena!
— O quê?

Madalena assustou-se. Não havia entendido a profundidade das palavras de José. Como ele a amava? Eram apenas... amigos!

Após o espanto, tornou a olhar nos olhos de José, que ainda permanecia com o olhar terno, mas cheio de apreensão por uma possível resposta negativa da garota.

— Zé... Não sei o que dizer...
— Então não diga, Madalena...

José, aproximando-se mais da garota, pousou suas mãos sobre as dela e a puxou suavemente para perto de si, levando delicadamente seus lábios aos de Madalena.

Ficaram minutos beijando-se, sem que Madalena oferecesse nenhum tipo de resistência.

Madalena nunca havia experimentado tal sensação. Certamente não amava José, mas porque não tentar desenvolver um sentimento mais profundo pelo rapaz que, ao seu ver, era o que mais merecia sua afeição.

— Madalena... Eu amo ocê de verdade!

— Zé, eu não sei o que lhe dizer. Ainda estou um pouco espantada, mas gosto de você.

José, carinhosamente, acariciava os cabelos da garota. Madalena, como que querendo compreender melhor a situação, pediu licença da mesa. Iria respirar um pouco de ar puro, pois, associando o calor que fazia dentro do salão com a situação inesperada a que fora submetida, o frescor da noite seria extremamente benéfico.

"Meu Deus, ele me ama! Como não havia percebido antes as intenções do Zé? Gosto dele também, mas... amor?"

Madalena estava confusa, não conseguia raciocinar direito. E, para seu espanto, viu Matheus entrando no salão. O que estaria ele fazendo ali?

Instintivamente, Madalena foi em sua direção.

— Senhor Matheus! Que faz aqui?

— Mas insiste em me chamar de "senhor"?

— Desculpe. Esqueci do combinado. Mas o que faz aqui?

— Bem, eu estava na pensão, quis sair um pouco para conhecer a cidade e lembrei-me de que aquele rapaz havia comentado sobre um baile. Mostraram-me o caminho e estou aqui!

— Que legal. Fique à vontade. Vou voltar à mesa e...

— Posso acompanhá-la?

— Claro!

Matheus e Madalena seguiam juntos em direção à mesa à qual José estava sentado.

Honório acompanhava cada passo de Matheus, ávido por novas oportunidades em que pudesse pintar.

Ah, como fora bom desenhar novamente. Materializar formas, pensamentos expressos no papel. Pouca era a diferença que sentia utilizando as mãos de outra pessoa. Sentira, sim, um cansaço estranho após acabar o desenho, como se tivesse trabalhado o dia inteiro, mas, sendo ele um morto, poderia sentir cansaço? Não tinha mais um corpo para cansar.

Honório não compreendia que o espírito continuava com as mesmas sensações que experimentava na Terra. Sentimentos de

cansaço, fome, sede, vícios. O esclarecimento é a única fonte de libertação, seja do ser encarnado ou desencarnado.
Honório continuava a pensar como encarnado. E a fama e o reconhecimento pelos trabalhos vindouros? Deixar para aquele cara mimado? Nunca! Seus trabalhos seriam assinados por ele mesmo, na hora conveniente.
Mas precisava continuar seu trabalho de observação junto a Matheus, seus hábitos, costumes.
Enquanto isso, Madalena e Matheus aproximavam-se da mesa de José.
— José, lembra-se de Matheus? — indagou Madalena, um pouco constrangida pela presença do rapaz, após o acontecido.
— Ara. Como não? Nos vimos faz pouco tempo. Mas o que ele tá fazendo aqui?
— Boa noite, José. Estava na pensão e o calor fez com que eu procurasse um lugar mais fresco.
— Êta trem doido! Ocê procura tudo nos invertido. Vai vê sítio de noite... Se refrescá em salão de baile... Estranho!
— José! — disse Madalena.
— Ele tem razão, Madalena. Sou realmente estranho. Vou buscar algo para tomarmos.
Matheus levantou-se da mesa em direção ao bar, oportunidade que José utilizou para conversar com Madalena.
— Óia, Madalena, num gosto desse sujeito. Ele te olha muito estranho...
— Que é isso, José! Ele é apenas um possível comprador do sítio, tenho que tratá-lo bem.
— Ara, que comprador! Só se ele quiser comprar ocê!
— Zé! Não fale assim comigo. É desrespeitoso.
— Discurpa, Madalena, mas num fui com a cara dele e pronto! E ficar aqui, a noite inteira, com ele, é que não vô!
— Não posso mandá-lo embora, Zé.
Matheus vinha aproximando-se e resolveram interromper o assunto.
— Trouxe refrigerante, Madalena, não sabia se tomava outra coisa.
— Obrigada.
Matheus serviu o refrigerante para Madalena e sentou-se. José, visivelmente contrariado, levantou-se:
— Onde está indo, Zé? — indagou assustada Madalena.

— Eu vô dá uma vorta. Tá muito quente aqui dentro. É na brisa que se refresca, não em baile.

José virou as costas e saiu do salão.

— Acho que ele está com ciúme de mim — disse ironicamente Matheus.

— Ele é muito bobo, isso sim! Amanhã converso com ele, deixa só.

— Mas ele está com razão, Madalena. Um homem sente quando a mulher de seu coração está ameaçada.

Madalena, pela segunda vez na noite, via-se na mesma situação, mas, ao contrário de José, não sentia repulsa pelo rapaz.

— Trouxe isto para você. Tenho que admitir que vim a este baile somente para vê-la.

Madalena abriu o envelope que Matheus lhe entregara. Era um retrato seu, pintado a mão.

Honório, atento a cada passo de Matheus, comoveu-se e os envolveu em sua baixa vibração de felicidade.

Madalena sentiu uma sensação diferente, algo que não sabia explicar. A presença de Matheus e a entrega daquela foto mexeram muito mais com ela do que a declaração de José. Sentia o rosto quente e as mãos frias, talvez estivesse até ruborizada.

— Não sei o que lhe dizer Matheus. Não sei.

— Não é preciso que você diga algo, Madalena. Eu é que devo dizer. É até estranho estar aqui sentado com você, dizendo tudo isso, pois não faz mais que algumas horas que nos conhecemos. É realmente estranho, uma sensação que não estou conseguindo controlar. Quero e gosto de ficar olhando para você.

Matheus, como que querendo transmitir ao íntimo de Madalena tudo que estava sentindo, pegou as mãos da moça.

— Não vou mais comprar seu sítio, Madalena — disse laconicamente Matheus.

— Como? — espantou-se Madalena — Por quê?

— Por que quero saber sempre onde encontrá-la. Comprarei, sim, algo por aqui, para ficar perto de você.

— Você está totalmente enganado, Matheus. Eu preciso vender o sítio. Se você não quiser, venderei para outro.

— Mas, por quê?

— Eu preciso de dinheiro. Meu pai faleceu faz pouquíssimo tempo, deixando uma dívida com o banco. Se não arrumar o dinheiro, perco o sítio e, não comprando, você não está me ajudando em nada e de qualquer forma irei embora.

Matheus, aproveitando a fragilidade da moça, tentou beijá-la.

— Não, Matheus, pare! Não conheço nada de você.

— Mas, Madalena, tudo que disse, disse do coração, acho que nem estou usando a razão.

— Aí é que está. A razão é que deve reger nossos passos, pois pelo instinto, fazemos apenas bobagem.

— Mas eu gosto de você.

— Claro que não gosta, Matheus. Você está exaltado. Eu sou apenas uma sitiante e em dois dias nem lembrará mais que existo.

Dizendo isso, Madalena levantou-se:

— Preciso ir.

— Tudo bem, eu levo você. Afinal, sua companhia a abandonou. Eu nunca deixaria uma jóia dessas jogada num salão, pois, com certeza, apareceria alguém e a roubaria, como estou fazendo agora.

Madalena, sorrindo, aceitou a carona.

Honório, enxergando boas possibilidades de voltar a pintar tendo Madalena ao lado de Matheus, daria uma força para esse romance deslanchar.

Deus, nosso Pai, permite que espíritos assim ajam em nossas vidas como instrumentos de provas, para ambos, encarnados e desencarnados, realizando um aprendizado mútuo. Num futuro, seja este breve ou distante, todos saberão como e por que foram e puderam ser influenciados. Cada caso é um caso em especial, com ligações que remontam sempre a um passado de envolvimento.

Matheus e Honório tinham um trabalho a realizar, mesmo que ambos ainda não soubessem. Mas já estavam juntos e era um passo rumo ao trabalho edificante.

Chegando ao sítio, Matheus queria ter ao menos um sinal de Madalena de que seria correspondido em suas intenções.

— Vamos nos ver novamente, Madalena?

— Não virá ver o sítio amanhã?

— Olha, depois que a conheci, o sítio não me interessa mais, mas pensarei e farei algo por você, pois confesso que estou sentindo coisas que não sei explicar. Não acredito, como disse, que seja algo passageiro.

— Espero você amanhã às 8 horas. Boa noite.

— Boa noite, Madalena, boa noite...

Matheus voltou sorridente para a pensão e, sem que entendesse, começou novamente a desenhar. Honório, por sua condição de espírito errante, não exercia uma influência positiva sobre Matheus, que transformava este desejo de desenhar em formas adaptadas à sua realidade e aos seus desejos. Isso resultava numa mútua troca de baixas energias.

As mãos habilidosas de Honório não encontraram dificuldades em usufruir do farto pensamento e energia de Matheus, troca que resultou em desenhos perfeitos, todos de Madalena, nem sempre em situações inocentes. Matheus a desejava como mulher e Honório apenas transformava esse desejo em traços.

Honório estava facilmente se adaptando à nova situação, captava sem muitas dificuldades os pensamentos de Matheus, o que lhe rendia farta fonte de inspiração.

Matheus não sentia essa interferência, apenas não entendia como repentinamente tornara-se um exímio desenhista.

Um espírito desencarnado pode facilmente aproximar-se dos encarnados, basta que estejam na mesma sintonia. Matheus desconhecia estas leis naturais. A sintonia que liga o plano espiritual ao material é facilmente identificável. O modo de agir e pensar de uma pessoa, o modo como rege sua vida. De acordo com seus gostos, vícios e virtudes é que estará atraindo as companhias espirituais. Por isso, disse Jesus: "Orai e vigiai."

Honório, quando encarnado, desenhava e expressava na maioria de seus rascunhos a natureza, os acontecimentos, a sociedade. Mantinha uma boa conduta moral, mas com declínios e deslizes, como a maioria dos humanos em prova na Terra. Em sintonia com Matheus, as fraquezas que ainda possuía foram se acentuando, alterando sua preferência e passando a querer produzir outro tipo de trabalho: o sensual.

Usava o interesse natural de Matheus por Madalena e, durante toda a noite, Matheus desenhou a moça de várias formas, nem todas muito dignas.

Matheus passou a noite sorrindo e felicíssimo com o novo dom que achava ser seu e que tinha descoberto.

José não conseguia fechar os olhos. Pensamentos que nunca haviam passado pela sua mente começaram a inquietar-lhe. Pensamentos de ódio, fúria. Quem aquele sujeito pensava que era para chegar de repente e ir tomando conta de tudo? A noite seria perfeita se ele não houvesse chegado. Ah... o beijo de Madalena! Doce, sublime. Poderia ter tido mais se aquele sujeito não houvesse aparecido. Não gostava dele. Sentia algo de ruim quando se aproximava ou apenas o avistava. Ele deve apenas estar querendo enganar Madalena, pensando que ela é uma dessas "caipironas" do meio do mato. Mas José sabia que Madalena era diferente, era especial. Por isso, gostava dela.

    Sem que percebesse, somente sentisse, José recebia a visita de amigos espirituais, que lhe aplicavam energias de paz, pois ele era um bom rapaz e estava necessitando de um auxílio naquele momento de aflição. Com o espírito mais sereno, José adormeceu.

    Após trocar de roupa, Madalena deitou-se. Que noite estranha, movimentada. Primeiro José... Ah, José. Ele a beijara. Não devia ter aceitado; dera a ele esperanças de que poderia estar querendo algo mais sério, o que não era verdade. Ele disse que a amava... como? Cresceram juntos. Não conseguia imaginar José como seu namorado. Mas cedera ao beijo dele; talvez pelo modo como ele se dirigiu a ela, o jeito sincero com que olhava em seus olhos.

    E Matheus? Matheus era diferente de José, muito diferente. Tinha um modo diferente de enxergar a vida, o comportamento, era rico. Claro, não se importava com isso, mas tinha outro tipo de vida. Fora criado em cidade grande, tinha cultura, conhecimento, sabia conversar.

    Ela, intimamente, sempre sonhara em conhecer muitos lugares. Com a doença do pai, esses sonhos aos poucos foram adormecendo dentro de si e vira-se condenada àquela vida.

    Talvez o destino estivesse lhe abrindo uma porta, dando-lhe um sinal.

    E, em meio a tumultuados pensamentos, Madalena adormeceu.

Capítulo VIII

"Ara", Madalena

O dia amanhecera lindo naquela pequena cidade. Sol, muito sol e a cidade, mesmo pequena, tinha uma manhã agitada. Agricultores movimentavam-se aos seus locais de trabalho. A padaria, única no local, encontrava-se cheia, atraindo, com o cheiro do pão fresco, grande parte dos moradores. Uma outra parte exalava dos fornos de suas casas o delicioso aroma do pão caseiro.

Todos se cumprimentavam na rua e naquela cidade, no interior de São Paulo, ainda era possível encontrar cavalos e carroças transportando moradores e estudantes, como também cereais, café e outros artigos a serem comercializados.

Matheus, que já estava acordado e pouco dormira, acompanhava com o olhar o movimento.

Após tomar seu café, percebera que ainda eram 6h40. Encontrar-se-ia com Madalena às 8 horas. Caminhara até uma praça, onde, em companhia de um jornal, esperaria a hora passar.

Honório, fiel acompanhante de Matheus, estava ao seu lado. Sentia-se um pouco cansado. Desde que entendera sua nova condição de desencarnado, muitas coisas diferentes começaram a acontecer.

Não sentia muito sono, como antes, mas, quando percebia que todos estavam dormindo e pouco havia a fazer, encostava em algum canto e acabava por adormecer e eram horríveis esses momentos. Tinha pesadelos de diversos tipos. Pessoas o procuravam, quadros voavam, via-se em meio a muitas pessoas gritando, chorando, pedindo por ajuda. Evitava adormecer, saía pela rua quando possível, ficava observando as pessoas, os acontecimentos. Achava engraçado sua condição de "fantasma".

Adorava quando amanhecia, pois o sono diminuía bastante e tinha muito o que fazer agora, já que voltara a desenhar:

— Então, Matheus, ficaram legais nossos desenhos de ontem, não? Claro que minha obra antes era mais séria, sem obscenidade como essa sua cabeça imagina, mas estou gostando desse novo estilo. Você não faz nada da vida, tem dinheiro, dedique-se ao desenho. O que acha?

Matheus captava em forma de pensamentos as insinuações de Honório. Estava intrigado com esse dom repentino. Associava o dom de pintar à paixão que, também de súbito, o invadira. Queria tê-la ao seu lado, ela fazia-lhe bem.

Honório entendia tudo. Sabia da paixão de Matheus.

— Leve-a com você, Matheus! Não para sua inspiração, mas para nossa!

Eram quase 8 horas. Precisava ir ao sítio encontrar Madalena. O tempo passa muito rápido quando ficamos pensando.

Após passar na pensão, ajeitar a roupa e devolver o quarto, Matheus, alegre e confiante nos planos que levava na mente, seguiu para o sítio de Madalena.

Madalena, como de costume, acordara cedo, antes de o sol nascer, e foi dedicar-se aos seus afazeres, antes da chegada de Matheus.

A possibilidade de encontrá-lo novamente a estava deixando inquieta, com aquela horrível sensação de frio na barriga.

José não aparecera naquela manhã para retirar o leite, como de costume...

Arrumou, cuidadosamente, como sempre, seu café e o estava saboreando, quando percebeu o carro de Matheus parar na frente do sítio.

Sem conseguir identificar a sensação que tomara conta de si, foi em direção à porteira. Estava ansiosa, aflita.

Madalena acreditava estar assim pela possibilidade de se ver longe do sítio; sentia que sua vida iria mudar.

O espírito, quando desperta algum tipo de sensibilidade, começa a perceber quando a vida está para se modificar e quando novas dificuldades irão se apresentar. Madalena estava sentindo isso, apenas não conseguia identificar. E, em passos curtos, chegou até Matheus.

— Bom dia, Madalena. Agora, com o sol a nos iluminar, acredito ser o momento certo para ver o sítio.

— Claro! Mudou de idéia, resolveu comprá-lo?
— Olha, Madalena, continuo com a mesma posição de ontem, mas pensei muito na noite passada e percebi que realmente se encontra numa situação delicada, por isso resolvi ajudá-la. Eu também perdi meu pai recentemente e me encontrei na mesma situação que você: perdido.
— Você também é sozinho, sem família?
— Sim. Tenho que enfrentar todas as adversidades da vida sozinho.
— Que coincidência! Eu já não sei mais o que fazer. Não queria me desfazer do sítio, mas não tenho outra alternativa.
— Como disse, pensei muito. Tenho uma proposta a lhe fazer.
— Proposta? interessou-se Madalena.
— Sim. Talvez lhe interesse.
— Vamos entrar e tomar um café, assim podemos conversar.
Madalena e Matheus foram até a cozinha, onde se serviram de café.
— Matheus, eu estou numa situação que às vezes prefiro até esquecer. Vendendo o sítio posso comprar uma casinha com o que sobrar do dinheiro, mas trabalharei no quê? Onde? Farei o que da vida?
— Tire uma dúvida minha, Madalena... Como você, morando desde cedo no meio desse mato, cuidando de um sítio, consegue falar e articular tão bem as palavras e os pensamentos?
— Eu sempre morei aqui, sim, mas, diferente da maioria das garotas da cidade, eu tinha um pai doente para cuidar e, quando acabava minhas obrigações, eu lia. Sempre li de tudo. Romances, livros de viagem, poesias, até livros técnicos.
— Interessante. A proposta que tenho para fazer talvez resolva todos os seus problemas. Quando disse que queria ficar perto de você, não estava mentindo e tenho paciência para esperar que me conheça de verdade para ver que não estava mentindo ou, como disse, que não é algo apenas passageiro.
— E qual é a proposta?
— Somente a proposta lhe interessa, não é? O que eu estou sentindo... nada?
Madalena sorriu
— Entendo. Enquanto estiver com todas essas aflições na cabeça será difícil sentir o mesmo que eu. A proposta é a seguin-

te: Eu ficarei com o sítio e quitarei a dívida com o banco. Tenho alguns imóveis em São Paulo, todos em bairros muito bons. Darei um para você como restante do pagamento. Detalhe: o apartamento estará mobiliado. Como o sítio, pelo que dizem, é muito bom e fértil, ainda lhe dou uma quantia em dinheiro, para ir se ajeitando até decidir onde trabalhar, estudar...
— Mas e...
— Espere. Eu também não trabalho, vivo apenas com o dinheiro deixado pelo meu pai e essa situação de não fazer nada me incomoda; por isso, durante essa noite, tive uma idéia. Resolvi montar e publicar uma revista. Você, se quisesse, teria emprego na Revista, poderia estudar ao mesmo tempo, teria um apartamento, uma vida nova.

Madalena estava boquiaberta. Por que uma pessoa que não a conhecia faria tudo isso? Poderiam ser apenas promessas falsas para iludi-la. Matheus havia planejado tudo durante a noite. Não fazia nada da vida e tinha dinheiro. Honório, pacientemente, foi-lhe induzindo a publicar os desenhos. Matheus aceitou a influência. Por que não publicar uma revista com desenhos eróticos, histórias do mesmo gênero, anúncios, jogos? A idéia era boa e tinha dinheiro para viabilizá-la.

— Não entendo, Matheus. Por que faria tudo isso por mim?
— Madalena... Eu fui sincero ontem quando disse que estava sentindo algo especial por você. Quero ajudá-la, conhecê-la aos poucos. Sei que devagar irá entender isso.
— Não sei, Matheus... Não sei o que dizer, o que pensar. Preciso de um tempo. É... é mudar demais! Uma cidade muito grande, não sei se me acostumaria.
— Pense nas oportunidades que terá, em tudo que conhecerá, e mais, o sítio, sendo meu, estará sempre à sua disposição, para vir quando quiser.

Madalena pensava. Era realmente uma boa proposta. Teria o sítio para visitar quando quisesse.

E Matheus parecia uma boa pessoa. Gostava dele. Mas era preciso pensar um pouco mais, era muita coisa oferecida assim, de repente.

— Matheus, preciso pensar. Volte mais à noite para conversarmos mais. Mas agradeço desde já sua preocupação comigo.

Matheus aproximou-se mais, tomou as mãos de Madalena entre as suas e, após beijá-las delicadamente, disse-lhe:

— Eu é que ficarei feliz em poder ajudá-la e saber que, talvez, a terei mais perto de mim. Vou até o banco na cidade, pois preciso resolver algumas coisas. Volto no final da tarde.

— Tudo bem. Obrigada, Matheus. Não sei o que é e talvez seja besteira, mas sinto que o conheço faz tempo.

— Sério? Eu também tive essa sensação desde o início. É engraçado, não é?

— Muito.

Matheus sorriu e retirou-se confiante no que pretendia.

Ao chegar na cidade, avistou José, que estava na feira, em frente ao banco, distribuindo os doces da mãe. José não o vira e Matheus passou a observá-lo. Não gostava daquele caipira. Sabia que Madalena sentia algo por ele.

— Ô seu Domingos, só cinco potes? Ara, véio, toda semana o senhor fica com sete, oito.

— Zé, tá mais fraco o movimento. Todo mundo tem esses doce prá vendê e quem não tem compra direto da sua mãe! Fica difícir.

— Vô propor um negocião pro sinhô.

— O quê?

— Minha mãe tá fazendo agora um doce especiar, cristalizado de pêssego, nuns potão diferente. Se o sinhô garantir que compra 10 pote por semana, só o sinhô vai tê pra vendê. Nem particular nóis vende! Pronto!

— Ô Zé, dez pote é muita coisa!

— Seu Domingos, seu Domingos. E a exclusividade?

— Tá bão, Zé, tá bão. Só eu vô tê?

— Só o sinhô. É garantido.

Após a venda, José saiu em direção a outro feirante e foi quando Matheus veio em sua direção.

— Bom dia, José.

— Ara... Ocê de novo? Mudô pra cá, foi?

— Imagina. Nunca conseguiria viver nesse fim de mundo, abafado demais, atrasado.

— Óia, seu Matheus, abafado, vá lá, mas atrasado, não! É estilo nosso de vida, mais saudáver.

— Opção é opção, não é? Mas fico feliz que Madalena esteja começando a pensar como eu e que irá conhecer outro tipo de vida que... como direi?...faz mais o estilo dela.

— Como assim, ara?

— Ela irá comigo para São Paulo.
— Quê?
— Preciso ir, José. Boas vendas.
Matheus, feliz com a conversa e mais feliz ainda com o espanto de José, saiu da feira.
José estava abismado. Tentava entender o que Matheus havia dito. Madalena, seu amor, iria para São Paulo? E... com ele? Como? Por quê? Certamente era mentira e Madalena confirmaria isso. Matheus estava apenas querendo irritá-lo. Iria agora mesmo ao sítio, onde tiraria a limpo essa história.
Madalena estava absorta em seus pensamentos. Como seria a vida numa cidade grande como São Paulo? Longe do sítio, da vida que estava acostumada?
Um emprego, um apartamento, cursar uma faculdade, eram coisas que nunca haviam passado pela cabeça dela e, se passaram, foi apenas abstratamente, como um sonho, distante...
E Matheus? Por que iria querer ajudar alguém que não conhecia? Estaria realmente interessado nela como dizia? Seria apenas uma atração física passageira?
Ela não sabia definir o que sentia por ele. Um misto de admiração e curiosidade, talvez carinho.
Mas já havia tomado sua decisão: entregaria, agora, nas mãos de Deus, que Ele, o Pai Supremo e Eterno, saberia guiá-la.
José, sem avisar e afoito, entrara no sítio. Surpreendeu Madalena envolta em seus pensamentos.
— Zé? O que faz aqui a esta hora? Por que não veio de manhã?
— Discurpa entrá assim sem avisá, Madalena, mas é que eu não agüentei e...
— O que foi, Zé? Está assustado, aflito.
— Ara, Madalena, fala que é mentira que ocê vai pra São Paulo com aquele traste!
— Quem lhe disse isso, Zé?
— Eu encontrei aquela praga na feira e ele me falô que ocê vai pra São Paulo... com ele!
— Zé, antes de tudo, pare de xingá-lo assim. Ele está sendo muito gentil comigo.
— Então, é verdade! Meu Deus...
— Zé, ele comprará o sítio, pagará a dívida, me dará emprego. Se tudo for verdade, como ele diz, é uma oferta irrecusável!

— Madalena... ara, sô! — tentava José dizer algo, desesperado — Abre os zóio! Ele tá fazendo isso porque ele qué ocê. É difícir entendê? Só qué te enganá. Ele nem te conhece.
— José, em momento nenhum ele me enganou. Sempre disse que tinha um interesse por mim.
— Então... Ele disse que está interessado nocê e... mesmo assim ocê concordou em ir pra São Paulo?
— Admiro a sinceridade dele e ainda não dei uma resposta positiva, mas cheguei à conclusão de que é a melhor alternativa.
— Então ocê também tá interessada nele? E nóis?
Madalena aproximou-se mais de José e, com pesar no coração, proferiu as palavras que ele não queria ouvir.
— Zé, eu gosto de você, mas pensei muito no que aconteceu naquele baile. E pensei e... ah, Zé, eu tenho você como um irmão querido e...
— Madalena! Eu amo ocê, não como irmão, mas como homem. Parece que ocê tá enfeitiçada pela vida diferente que aquele sujeito tá te oferecendo. Eu não ti curpo. Eu nunca ia podê te oferecê a vida que ele tá mostrando. Mas meu amor é sincero, isso é! Num gosto desse sujeito e sei que ele vai te fazê sofrê! Me escuta, Madalena, eu saio agora e vorto com outro comprador, mas num aceita isso!
— Zé, eu já decidi. É o melhor pra mim. Oportunidades e...
— Cê tá enganada, Madalena.
— Eu poderei voltar quando tiver vontade, pra ver o sítio. Sempre nos veremos, Zé.
— Já que ocê tá tão decidida, eu não tenho mais nada pra dizê. Mas vou provar que meu amor é verdadeiro. Nunca te deixarei sozinha, Madalena.
José, com os olhos marejados de lágrimas, partiu. Sabia, de verdade, tudo que sentia por ela. Sabia, também, que cada dia que passasse esse amor somente aumentaria. Mas o coração, como disse sua mãe, prega peças.
Choraria sim, o quanto quisesse. Não tinha vergonha de chorar, era o que seu coração estava pedindo para aliviar um pouco a angústia que o oprimia. E seguiu chorando, sem vergonha...
Chegou o fim da tarde e Madalena estava ansiosa pela chegada de Matheus. Havia decidido: iria para São Paulo e começaria outra vida. Afinal, era inteligente, saberia se virar. E Matheus a ajudaria no que fosse necessário.

Honório compartilhava da mesma alegria de Madalena. Havia conseguido o que queria.

Com Madalena ao lado de Matheus, ele não pararia de desenhar; já havia conseguido convencê-lo a publicar os desenhos e, na hora certa, talvez até voltasse a assinar os desenhos como seus. O estilo de sua obra com certeza havia mudado, mas o talento era o mesmo, incontestável.

Honório pensava e sorria. Como era fácil convencer as pessoas a fazer aquilo que queria. E o mais engraçado, achavam ainda que as idéias e decisões eram delas...

"Madalena, Madalena...", pensava, "Obrigado por ter surgido em nossas vidas. Será recompensada, querida. Viverá como uma princesa. Mudei meus planos quanto a viver em paz no mato, contemplando apenas uma obra. Eu quero mais, mais!"

Honório vibrava de alegria e Madalena recebia essa vibração em forma de ansiedade e expectativa.

Em meio aos pensamentos, percebeu a chegada de Matheus que estava mais ansioso que ela. Com passos curtos e morosos, chegou à entrada da casa.

— Olá, Madalena.
— Oi, Matheus.
— Desculpe chegar assim tão cedo, mas não agüentei mais ficar esperando. Sei que não deve ter pensado em nada ainda, mas...
— Sente-se Matheus, precisamos conversar.
— Sobre a...
— Sim, Matheus, eu já me decidi.

CAPÍTULO IX

A REVISTA

— Muito bons estes desenhos, Matheus. Perfeitos! Realmente, se adaptados a um bom roteiro, dariam uma ótima publicação. O que tem em mente?
— Muita coisa, Rodrigo, muita coisa. Por isso vim procurá-lo. Sei do seu potencial e talento para os negócios, principalmente os relacionados à arte. Se bem que não sei se esse tipo de trabalho pode ser considerado arte.
— Claro que é arte, Matheus. Tudo o que o povo gosta é arte, pelo menos eu penso assim. Veja o sucesso das publicações do gênero.
— O que eu quero de você, Rodrigo, é o seguinte: quero montar uma revista neste segmento e, conhecendo a sua capacidade, queria tê-lo à frente dos negócios, junto comigo. Tenho no momento alguns outros problemas a resolver e queria que ficasse a seu cargo selecionar os profissionais necessários ao trabalho. Tenho o local para ser nossa sede. É preciso formar também uma equipe forte de *marketing* e...
— Calma, Matheus, vamos por etapas. Primeiro vamos montar nosso local de trabalho, com todas as ferramentas necessárias, selecionar roteiristas, outros desenhistas, pessoal de informática, edição.
— Claro. Obrigado, Rodrigo. É bom poder contar com você.
Rodrigo era um velho amigo de farras. Matheus mostrou seus trabalhos, com o cuidado de modificar a fisionomia dos desenhos para quando Rodrigo conhecesse Madalena não houvesse perigo de identificá-la.
Madalena estava em seu novo apartamento, admirada, arrumando tudo a seu gosto.

Há alguns dias estava em São Paulo e, a cada momento, Matheus conquistava ainda mais a afeição da garota, que começava a confundir os sentimentos.

— Um apartamento deste tamanho só para mim, não acredito. É muito bom para ser verdade. Com certeza vale muito mais que a diferença da dívida do banco em relação ao sítio. O lugar é tranqüilo, o que deve ser difícil numa cidade como São Paulo. Sei que serei feliz e devo isto ao Matheus, que está sendo gentil, atencioso, e quem sabe um dia possa vir a gostar dele de verdade? Ou será que já gosto?

E Madalena, envolta em tanta felicidade, prosseguiu esperançosa no futuro, decorando seu novo lar.

* * *

— Ara, é craro que eu güento, sô!

— E trate de começar a falar direito, que você já não está mais no meio do mato! E acho que isso não é trabalho para você.

— Eu já carreguei boi no lombo! Carregá lata de concreto é que nem comê doce de mamão.

— É o que eu quero vê! O trabalho é seu. Começa amanhã. Pagamento quinzenal, horário das 6 às 16 horas, uma hora de almoço. Certo?

— Certo, ara! Muito obrigado e até amanhã, que antes das 6 já tô na luta.

— Tá falado, José.

Pronto. O primeiro passo estava dado. Garantira uma vaga na construção civil. O segundo passo agora era arrumar um local para morar. Com o que iria ganhar será que conseguiria pagar um aluguel num local tranqüilo?

Zé, Zé... O que estava fazendo? Largou tudo na sua cidade em nome desse amor. A mãe chorando, com medo da vida difícil que levaria.

José não se amedrontava. Trabalho era trabalho em qualquer lugar e de qualquer coisa. Nunca tivera medo de ir à luta, não seria agora.

Mas como se aproximar de Madalena? O que dizer? Como justificar sua presença em São Paulo? Com certeza ela não trocaria o conforto que Matheus estava oferecendo para viver com um operário da construção civil.

Entregaria, por agora, nas mãos de Deus e, na hora certa, veria o que fazer.
Matheus, após a conversa com Rodrigo, foi até o apartamento de Madalena. Não gostava de deixá-la muito tempo sozinha, pois ela poderia achar-se abandonada. Faria qualquer coisa para agradá-la. Tudo bem que até agora nem um beijo havia lhe dado, mas era questão de tempo conquistá-la. Respeitava-a muito. Nunca havia mentido em seus sentimentos.
— O que achou, Matheus?
— Lindo. Do jeito que você merece.
— O sofá aqui está bom? E se colocássemos mais flores aqui dentro?
— Madalena, escute-me...
Matheus, tomando a garota em seus braços, dizia:
— Tudo isto, Madalena, fiz porque descobri que lhe amo. Você me fez enxergar que tudo que tenho não vale nada se não tiver ao menos seu carinho. Tenho certeza de que aos poucos verá que não estou mentindo.
Madalena, absorta pelas palavras de Matheus foi se aproximando mais. Matheus, receoso, esperou que Madalena chegasse ainda mais perto. Tinha medo de tentar beijar a garota e ser recusado novamente. Não agüentaria. Mas percebeu que, desta vez, ela cederia. E foi se aproximando também, até que seus lábios se encontraram e se beijaram por um longo tempo. Tempo que ambos não viram passar.
— Eu sinto algo especial por você, senão não estaria aqui, esteja certo disso, Matheus.
— Então, fique comigo. Podemos namorar, irmos nos conhecendo.
— É claro que quero namorar você. Mas verá que não sou tão doce assim, sou um pouco chata...
— Então nos daremos bem. Aliás, seu aniversário está chegando e...
— Chegando? Faltam dois meses ainda!
— Por isso. Acredito que teremos duas festas ao mesmo tempo.
— Por quê?
— Se tudo continuar correndo bem é o tempo que preciso para lançar a revista.

— E quando começarei a trabalhar também? Estou acostumada a me movimentar.
— Breve, querida.
— É bom que eu tenha alguma atividade, pois estudar ainda vai demorar um pouco, só no próximo ano. Se, ao menos, eu pudesse ajudar em algo...
— E você vai. Mas ainda estamos na fase de instalação. Assim que sair a primeira edição, você terá um lugar de destaque na Revista.
— Destaque?
— Será a primeira dama da Revista.
— Que chique!
— Bota chiquesa nisso, sô! — disse Matheus, imitando José, o que passou despercebido por Madalena.

Tudo corria bem, mas Honório queria mais. A falsa felicidade experimentada por Honório não era a mesma experimentada por Matheus. Não tinha mais os sentidos materiais para gozar a vida terrestre. Somente se sentia feliz enquanto desenhava e cada vez mais apimentava seus desenhos, na troca de pensamentos com Matheus. A influência, ao contrário do que muitos possam pensar, não era apenas de Honório para Matheus, mas o inverso também. Ao mesmo tempo em que Honório incitou Matheus a desenhar, este fez com que Honório experimentasse a vibração da sensualidade e, aos poucos, fosse se afastando do seu antigo desejo de pintar como antes. Honório desconhecia que também sofria influência...

— Matheus, Matheus... quem diria! Primeiro o odiei, assim que comprou meu quadro. Agora, somos parceiros. Sabe, mudei muito meu jeito de pensar. Nem sinto mais tanto amor assim por aquele quadro. Burro de você pagar aquela fortuna por algo e deixar jogado! Estou gostando, de verdade, do meu novo trabalho. E, realmente, essa loirinha inspira bons trabalhos. Vocês se dão bem, gosto disso. Aliás, acho que até gosto de você, Matheus. Pena que não me escutam diretamente. Teria tanto para ensinar a vocês sobre sensibilidade...

— Que tal sairmos para jantar, Madalena?
— Ótimo. Você gosta de que tipo de comida?
— Tudo, mas adoro massa. Macarrão, pizza...
— Essas coisas são boas mesmo, né? Vou me trocar para irmos.

A vida seguia seu curso natural. Instantes calmos na vida das pessoas fazem-se necessários, pois são nesses instantes que as maiores provas se fazem presentes.

É nas calmarias que devemos manter a boa vibração mental, a vigilância, agradecer tudo que passamos e recebemos, pois novos testes surgirão e o acúmulo de energias positivas é apenas benéfico.

Nos tempos de paz na vida pessoal, devemos manter um ritmo de serenidade, pois, desgastando nossas potencialidades, quando advém a crise da vida, estamos fracos e mais aptos ao fracasso.

Mas, na maioria dos casos, os momentos de paz que Deus proporciona aos seus filhos na Terra são gastos para mais acumular débitos, com extravagâncias, luxúria, abandono da fé e da caridade.

Felizmente a Terra segue seu curso natural de evolução, e muitos já compreenderam o quão valiosos são esses momentos serenos para aprender mais e praticar mais a caridade.

Matheus e Madalena iam descobrindo, a cada dia que passava, uma maior afeição um pelo outro e, aos poucos, iam se entregando à paixão.

Digo paixão porque amor é medido, controlado e racional. Deseja, sim, mas sabe desejar e esperar.

José trabalhava arduamente e, aos poucos, conseguia juntar algum dinheiro. Do seu objetivo inicial de encontrar Madalena, pouco foi restando. Sabia que no momento oportuno a vida lhe concederia esse encontro.

Sentia muitas saudades da época em que estavam no sítio. Não havia uma só noite em que não deitasse e as recordações o entristecesse. Mas era forte no que queria. Não podia esmorecer. Queria, sim, encontrar Madalena e, quem sabe, tê-la junto de si. Mas precisava ter condição para isso. O desespero somente atrapalharia tudo.

Não podia dizer que tinha se adaptado à vida que estava levando. Estava apenas se acostumando. Era do trabalho para casa, de casa para o trabalho. Era estranho, ninguém conversava com ele. Não sentia o clima de paz e amizade como na sua cidade. Às vezes, quando se sentia muito só, caminhava por alguma rua, alguma praça. Todos deviam se sentir muito sós ali...

Pensava, sim, em largar tudo e voltar. Mas, e Madalena? Sabendo que estava na mesma cidade, já a sentia perto de si. Como era estranho... Mas se queria conseguir alguma coisa, teria de agüentar.

A publicação da revista estava acelerada e Matheus, com muito esforço, conseguira conciliar a festa de lançamento com o aniversário de Madalena, convidando para a ocasião vários editores de prestígio em publicações semelhantes.

Faria uma requintada festa, com tudo quanto fosse preciso para impressioná-los.

Madalena já sabia do conteúdo da revista e, mesmo constrangida, aceitou trabalhar no setor editorial.

Matheus levava a sério o trabalho na Revista, e foi vendo essa seriedade que Madalena se convenceu a aceitar o trabalho.

Ela ainda não conhecia a Revista nem os que nela trabalhavam. Todos lhe seriam apresentados no dia do lançamento.

Eles haviam decorado ricamente o apartamento à espera dos convidados e recebiam calorosamente cada um.

Rodrigo fora um dos primeiros a chegar; não conseguiu esconder a admiração com a figura de Madalena e, durante quase toda a festa, não desviou os olhos da garota. Matheus, entretido com os outros convidados, nada percebera.

Madalena estava realmente radiante, seus traços naturais e sua presença despendiam um magnetismo fascinante.

Matheus apresentava-a com orgulho.

— Tenho uma surpresa para você, Madalena. E agora é o nosso momento de fazer uma festa.

— Como assim? E que surpresa?

— Acompanhe-me.

Matheus havia decorado seu quarto com flores dos mais variados tons e suaves perfumes. Serviu-lhe uma taça de vinho e, em seguida, entregou-lhe uma pequena caixinha.

— O que é?

— Abra, vamos.

Cuidadosamente, Madalena a abriu.

— É lindo! Deve ter custado uma fortuna.

— Este anel é o mínimo que poderia fazer para expressar o quanto lhe amo.

— Você me ama?

— Sim...

Matheus lentamente aproximava-se da garota, para perceber se ela acompanhava seus movimentos. Delicadamente, levou-a até a cama e seus desejos mais profundos, que até agora haviam sido expressos somente em forma de desenhos, foram consumados.

A festa continuava no apartamento, regada a muito vinho e uma outra variedade enorme de bebidas, que provocavam os mais diversos comentários, em geral obscenos, em virtude do motivo que os reunia ali: a revista erótica.

— Jorge, você viu que mulher maravilhosa a namorada do Matheus? Que corpo fantástico e que brilho!

— Acalme-se, Rodrigo. Ela é namorada do seu melhor amigo, não se esqueça. Mas agora compreendo a inspiração para os desenhos de onde provém.

— Inspiração? Aquilo é fonte de perdição!

— Vamos beber, homem. Assim você afoga esses desejos antes que lhe dominem.

Rodrigo não conseguia pensar em outra coisa. Ficava apenas imaginando as cenas que estavam acontecendo naquele quarto.

Daria tudo para ter por apenas alguns instantes aquela mulher ao seu lado.

Rodrigo estava tão envolvido nestes pensamentos que não fora difícil compartilhá-los com algumas entidades presentes.

Captaram todos os desejos de Rodrigo e estavam dispostos a cooperar, visando o prazer que também desfrutariam.

Honório acompanhava no quarto a cena de paixão do casal. Estava consciente da sua condição de desencarnado, mas sua mente, obsessiva pela idéia de pintar que tinha, não enxergava a ajuda espiritual que freqüentemente tentava dele se aproximar.

Diversos tipos de espíritos tentavam se aproximar de Honório. Tanto amigos benfeitores quanto espíritos na mesma condição que a dele. Mas ele gostava de estar sempre só, por isso reagia da forma que achava conveniente para afastá-los. Aos que tentavam ajudá-lo, apenas ignorava; aos que queriam aproveitar a situação em que estava, usava de sua invejável força de pensamento para afastá-los.

Os irmãos benfeitores não forçam auxílio, entendem que cada qual tem sua hora conveniente de entendimento.

Até para receber ajuda é necessário querer e merecer.

Mas Honório ainda se sentia bem e não queria mudar a situação. Preferia ficar ali, olhando.

— Madalena...

— Fale.
— Eu... bom...
Madalena, sentando-se na cama e com seus olhos claros que brilhavam cada vez mais, olhou diretamente para Matheus:
— Fale, meu amor.
— Só queria saber como está se sentindo e...
— Seu bobo! Claro que estou bem, estou ótima. Mas acho melhor descermos, embora não queira, pois abandonamos a festa.
Em pouco tempo ambos estavam novamente na festa. Matheus iria fazer um discurso em nome da Revista.
— Atenção, amigos, atenção! É a inauguração da melhor revista de desenho do mundo! É nossa obra de arte.
— E que arte! — gritou Rodrigo.
— Sim, é o melhor da arte — completou Matheus — E que o sucesso e a alegria nos acompanhem daqui pra frente. E vamos beber! Beber!
Madalena havia se modificado muito neste tempo que estava morando em São Paulo. Tinha aprendido a sair todas as noites e a beber, e estava gostando; estava até apreciando os desenhos da revista. Seu antigo mundo de sitiante e vários princípios de conduta estavam praticamente esquecidos.
A festa seguiu animada até tarde, quando os convidados começaram a ir embora.
Rodrigo, primeiro a chegar e último a sair, não tirava Madalena da cabeça. Quem sabe alguma hora ficasse a sós com ela? Possuí-la nem que fosse por minutos!
Mas sabia disfarçar e esperar o momento conveniente. Decidiu despedir-se:
— Madalena, confesso que fiquei encantado com você. Será um prazer trabalhar na Revista com uma pessoa encantadora como você — e virando-se para Matheus: — Esse meu amigo sempre teve sorte!
— O prazer foi meu, Rodrigo.
Pouco depois que Rodrigo foi embora, Madalena pediu a Matheus que a levasse embora. Estava cansada e queria descansar.
Após deixá-la em casa, ele voltou para o apartamento e somente conseguia se concentrar nos momentos a sós que passara com a garota. Ela era maravilhosa, era muito mais do que podia imaginar.

Passou rapidamente o olhar sobre a bagunça da sala e foi para seu quarto. Havia pendurado o quadro de Honório na parede, perto da cama. Banhou-se e foi se deitar. Honório, ao lado, sorria ao olhar para o companheiro:
— Conseguiu o que queria, hein, meu amigo? Finalmente! Espero que isso refaça suas energias e desenhemos mais!
— Desenhar mais? Que sujeito estúpido, galera, vejam! Gosta de ficar desenhando... Parece criança!
— Quem... quem são vocês? Digam-me! — esbravejava Honório.
— Não interessa ainda, colega. Mas vejo que tá precisando de ajuda. Isso é coisa pra morto ficar fazendo? Vá arrumar serviço! Tem muita coisa melhor. Muita!
— Quem são vocês? Falem! — gritava Honório em pânico, pela situação inusitada. Nunca, desde que desencarnara tivera um contato tão direto com outros espíritos.
— Vai chorar? Buááá... — brincavam e gargalhavam os novos companheiros de Honório.
— Estamos aqui para integrá-lo na nossa turma, pois precisamos de mais gente para um trabalho que vamos realizar. Você é o escolhido sem opção de escolha.
— Que... que trabalho? — estava espantado Honório.
— Vê se se acalma, irmão. Tá com medo?
— Medo? Claro que não! É que faz muito tempo que não converso com ninguém e...
— É o seguinte. Sou Pedro, ou Pepe, como preferir. Esses são Luiz e Tizinho.
— Mas o que querem comigo?
— Por enquanto, que cale a boca! E não é só uma coisa, não! É duas, três, muitas mais... Claro que terá sua recompensa, mas, onde já se viu ficar desenhando?
— Eu gosto de desenhar. É minha vida!
— Que vida, amigo, que vida?
— Não importa. É o que faço, é o que eu gosto!
— Tudo bem, calma. Vai poder desenhar também, mas tem coisa melhor, muito melhor. Coisa que é só alegria. Tem um amigo nosso, de lá, vivo, que tá louquinho por causa de uma garota. Vamos ajudá-lo a conquistá-la, como já fizemos com outras, para podermos curtir junto. Estamos aqui reunidos por-

que gostamos das mesmas coisas... do prazer! Aliás, legal mesmo os desenhos da revista... ah, como eu gosto disso! Como?!
— Você é um tarado!
— Sou! Sou sim, e não estou nem aí, entendeu? Teu protegido é como a gente e você gosta também.
— Claro que gosto, mas estamos mortos!
— Não, não estamos. Estamos vivos, muito vivos! Podemos curtir tudo como antes e, se souber aproveitar, muito mais.
— Como assim?
— Deixa de ser burro. Você não desenha junto com esse aí?
— Sim, e daí?
— É igual, é igual! Você não coloca sua mão sobre a dele, e se concentra no que ele está pensando e começa a desenhar?
— Sim, é isso.
— Não suga o pensamento dele e acaba sentindo o que ele está sentindo e, com seu talento, transforma em desenho?
— Sim, mas...
— Pense! É só entrar na mesma sintonia e sugar qualquer tipo de prazer.. Fazer tudo junto. Beber, fumar, drogas... sexo! Mas é claro que o casal precisa estar na mesma sintonia que a nossa.
— Como assim?
— Ora, Honório... Raciocine! Você acha que é só ir entrando nos quartos à noite e pular no meio da cama? Claro que não, companheiro! O "vivo" precisa pensar como nós, pra evitar o "choque".
— Choque?
— É. O choque. Nunca aconteceu de tentar se aproximar de alguém e não conseguir?
— Não. Eu até hoje só fiquei com o Matheus...
— Venha. Você tem muito o que aprender, colega!
— Onde? Ir aonde?
— Prá rua!
Pedro levou Honório para a rua, onde pôde ver muitas pessoas caminhando.
— Está vendo essas pessoas, Honório?
— Sim. São "vivas".
— Pois é. Olhe direito. Use mais o pensamento.
— E... E daí? Não vejo nada.

Pedro sacudiu com toda força Honório, que caiu no chão. Após derrubá-lo, abaixou e levantou-o:
— Será que assim você aprende? Saberá quando pode se aproximar de uma pessoa sem levar o choque, quando ela não estiver "amarrada".
— "Amarrada"?
— Sim. Com esse arco dourado em volta. São poucas que têm um arco muito forte. Com essas, você leva choque de longe. Onde elas estiverem, nem conseguimos entrar. Algumas possuem um arco mais fraco, que é fácil fazê-las perder. Mas o melhor é que a maioria não tem.
— Mas porque algumas têm esse arco dourado?
— São pessoas protegidas, que gostam de outras coisas. Questão de escolha. Rezam, rezam, rezam, morrem e acabam como a gente!
— E se chegarmos perto dessas pessoas?
— De novo? Vai levar choque, caramba! Por isso tem de prestar atenção. Algumas têm mais forte, outras mais fraco!
— E nunca acaba esse arco?
— Depende. Já fiz muitas ficarem doidinhas! Perderam até a luz dos olhos, que dirá do maldito arco!
— E como fez isso?
— É fácil, dependendo da pessoa. Basta ficar uma semana perto dela. Observe sua conduta. É claro que de longe; se o arco for muito forte, nem no bairro você passa. E tem outro problema: em geral quem tem arco muito forte tem segurança pessoal; esses caras daqui também, que você já deve ter visto, que querem "ajudar" todo mundo. Continuando: fica uma semana observando. A pessoa vai ter algum deslize. Você vai perceber alguma coisa que é o ponto fraco dela. Se apegue nele, cara! Se a pessoa gosta de beber, aproveite disso. Passe a semana toda pensando na pinga perto da pessoa. Na hora que ela der o primeiro gole, não saia mais de perto.
— Entendi... Fazer a pessoa cometer um monte de erros?
— Isso! Tá aprendendo, Honório.
— Mas, afinal, o que querem comigo? Obrigado pela aula, por tudo, mas eu gosto é de desenho!
— Você vai desenhar. Se nos ajudar, claro. Senão, adeus desenho.

— O que querem?
— Nosso protegido está interessado na Madalena, a loira do seu amigo. Vamos ajudá-lo a ficar com ela, pois ele é nossa fonte de prazer, assim como esse cara aí é a sua e nós não vamos perdê-lo.
— Mas eu não posso fazer isso. Sem a Madalena ele não vai desenhar mais e sem desenhar eu não fico.
— Claro que você vai continuar desenhando. Ele não vai mais conseguir parar. Ele já tá mais viciado que você. Qualquer uma que ele tiver, ele desenha; com sua ajuda, claro! Quanto mais, melhor! Pense primeiro em você, segundo... em você também!! rá, rá...
— Não sei, não sei...
— Temos um plano. É fatal, vantajoso, prazeroso, tudo! Escute...

CAPÍTULO X

UMA NOVA ROTINA

— Hoje a comida tá demais, ara!
— Imagina, Zé. Tá igual todo dia.
— É nada, Fernanda. Hoje tá no capricho!
— Qué isso, Zé! Pare de ficar mentindo! Senão eu acredito e fico sem graça! E se você gosta tanto da minha comida, que tal jantar lá em casa, amanhã? Sabe como é, aqui na empresa não posso temperar muito do meu gosto.
— Eu? Na tua casa? Ara, Fernanda, sei lá!
— Faço uma comidinha "daqui ó"!
— Ara...
— Vai ou não vai?!
— Vô, craro!
Fazia algum tempo que José estava em São Paulo. Pode-se dizer que adaptado à rotina da capital. Trabalhava muito, havia mudado de empresa, mas continuava no ramo de construção civil. Ganhava o suficiente para viver com dignidade e ainda ajudar regularmente a mãe, que ficava feliz, sabendo dos progressos do filho.
Nunca mais tivera notícias de Madalena. O motivo que o levara para lá aos poucos ia acalmando-se. Não tinha mais o desejo desesperado de encontrá-la. Pouco tempo tinha para si, trabalhava muito. Estava sempre se aperfeiçoando no que fazia para manter seu trabalho e obter melhoras. No pouco tempo que ficou em São Paulo, percebeu que os acomodados vão sobrando.
Agora o convite de Fernanda havia mexido com ele. Valeria a pena investir num relacionamento com alguém? Não sofreria novamente?

Tentaria, pois Fernanda sempre se mostrara meiga, honesta e séria. Uma moça de boa índole. Quanto a Madalena... Havia entregue a Deus.

* * *

Um mês havia se passado da festa de aniversário e do lançamento da revista.

As vendas haviam superado as expectativas, e Matheus e Rodrigo comemoraram a vitória inicial.

Madalena trabalhava no setor editorial da revista e também estava radiante com o sucesso.

A cada dia surpreendia-se mais com a maneira como sua vida tinha se modificado.

Antes, sem expectativas e prestes a perder o sítio, que era seu único bem, mas novas conquistas haviam sido alcançadas.

Nunca mais voltara ao sítio e nem falta sentia. Eram muitas as suas obrigações e o resto de seu tempo dedicava-se a Matheus. Em raros momentos lembrava-se do que havia passado na infância e mocidade saudável e sem vícios. Às vezes, achava que estava bebendo demais, mas não se importava em diminuir.

Só apertava-lhe o coração quando se lembrava de José. Nunca mais o vira... Como estaria? Estaria passando por dificuldades? Mas Madalena procurava afastar rapidamente os pensamentos.

Sua vida agora eram o trabalho e Matheus, que quase todos os dias levava-a para sair e enchia-a de presentes.

Matheus estava realmente apaixonado e era correspondido por Madalena.

Rodrigo não suportava saber da felicidade de ambos e a cada dia que passava aumentava ainda mais seu desejo de possuir aquela mulher.

Compartilhava inconscientemente seus pensamentos com companhias espirituais, ávidos por ajudar Rodrigo e compartilhar também os efêmeros momentos de prazer.

Matheus continuava a desenhar, cada dia com mais habilidade e confiança.

Honório seguia firme seu trabalho na pintura, mas dividia, agora, o tempo com seus novos companheiros de infortúnio.

Matheus estava em seu escritório, quando foi abordado por Rodrigo.

— Meu amigo! Hoje tenho uma surpresa para você.
— Credo, Rodrigo, que entusiasmo! O que é?
— Não, não! Surpresa é surpresa! Assim que encerrarmos o expediente sairemos juntos, aí, verá a surpresa.
— Sinto muito, Rodrigo. Depois do expediente me encontrarei com Madalena.
— Ora, Matheus... Cadê o velho boêmio, o homem das farras? Sou seu amigo, devemos sair às vezes para nos divertir. Aliás, desde o lançamento da revista não tivemos a oportunidade de comemorar, como somente nós sabemos!
— É... Tem razão. Vamos tomar algo para relaxar. Direi algo para Madalena e sairemos depois.
— Isso, amigo! Juntos arrebentaremos em São Paulo, como antes!

O expediente correu normal e, no fim do dia, Matheus ligou para Madalena dizendo que tinha alguns desenhos para fazer e que não poderia ir embora sem terminar.

Após as mentiras, Matheus e Rodrigo saíram conforme combinado.

— Que dia, hein, Matheus, que dia! E ainda são 21 horas, vamos beber!

Escolheram um bar, dos mais movimentados, e entraram.

— Grande Matheus! Como nos velhos tempos. Conte-me amigo, como vai seu romance?
— Rodrigo... se melhorar estraga! Eu nunca imaginei encontrar alguém como Madalena. Amiga, companheira, bonita!
— Claro. Mas ela deve ter seus defeitos.
— Se tem, ainda não os descobri. Estou feliz, Rodrigo, muito!
— Mas e as outras mulheres? Como ficaram?
— Que outras? Depois que conheci Madalena não existem "outras". É só ela, entende?
— Sim, entendo, mas... Ela deve estar além de amizade e companheirismo, não é?
— Que é isso, Rodrigo? É claro que temos nossa intimidade, mas com ela é diferente. Eu a respeito muito. E vamos beber que é para isso que viemos aqui. E cadê a tal surpresa?
— Calma. Só mais tarde. Beberemos até lá! Beberemos!

E, durante horas, permaneceram no bar, até que Rodrigo, confirmando o horário, resolveu pedir a conta.

— Vamos, companheiro. São 3 horas.
— É bom mesmo. Bebi demais.
— Estou vendo, mas é bom que caiba mais um pouco, pois a surpresa começa agora!
— Como assim?
— Vamos para minha casa.
E partiram para a casa de Rodrigo. Matheus não ofereceu resistência, pois a curiosidade falava mais alto.
Ao entrarem na casa de Rodrigo, Matheus espantou-se. Duas moças, de traços orientais, estavam na sala, elegantemente vestidas.
— Eis a surpresa, Matheus! Susana e Karen. Amigas do peito. Irão nos fazer companhia pelo resto da noite.
Matheus assustado chamou Rodrigo num canto.
— Está louco, Rodrigo? Contratando prostituta? E se Madalena souber?
— Calma, Matheus. Há dois erros na sua frase: primeiro, não são prostitutas; segundo, Madalena só saberá se você quiser. Agora, bebei, ó escravo da paixão!
Rodrigo regou com muito vinho por mais algum tempo a conversa. Karen aproximou-se mais de Matheus, tentando fazer com que ficasse mais à vontade.
— Relaxe, rapaz. Parece que está nervoso... É casado? É isso?
— Eu... Não! Imagine, casado!
— Namorada?
— Bem...
— Enrolado? Eu também, mas vamos esquecer nossos problemas. Só nos tirarão o sossego. Mais vinho?
Rodrigo e Susana levantaram-se, saindo da sala.
— Matheus, Karen, fiquem à vontade. Eu e Susana precisamos de mais... privacidade!
Matheus e Karen ficaram a sós na sala e permaneceram calados por algum tempo, virando taças e taças de vinho. Matheus não tirava Madalena da cabeça, queria estar com ela naquele momento... A moça estava ficando impaciente, então, ele resolveu puxar conversa:
— Então, o que faz Karen — perguntou ironicamente.
— Estudo jornalismo e trabalho com Susana. Somos massagistas. Massagistas mesmo, não imagine que...

— Não, claro. Sei que ainda existem e são necessários profissionais sérios nesse ramo.
— Conheci Rodrigo numa sessão de massagem. Apresentou-me a Revista. Adorei! Ele disse que o desenhista era um grande amigo dele. Desculpe se ele trouxe você sem dizer que estávamos aqui. Afinal, ele falou tão bem de você que quis conhecê-lo.
— Ora, o que é isso! Sou apenas um desenhista.
— E simpático... Bonito. Que mais uma mulher pode querer?
E, aproximando-se de Matheus, beijaram-se.
— Gosta de me beijar, Matheus?
— Sim... Gosto!
E Matheus, não forte o suficiente em seu amor por Madalena, cedeu aos apelos de Karen.

O espírito, quando ainda não é forte o suficiente em suas convicções, comete deslizes; deslizes que, muitas vezes, podem comprometer todo o sucesso de uma existência. Nos tempos atuais, a idéia de sexo anda deturpada e, sem a base cristã que nos guie a um relacionamento sério, o espírito desequilibra em uma das maiores dádivas de Deus que é o sexo.

A mente viciada provoca sérios desequilíbrios na conduta sexual, gerando fortes tormentos na região genésica.

Matheus e Karen, após a relação, viram-se ambos olhando para o teto. Ele não conseguia encarar a moça. Por quê?

Karen sentia-se bem, mas estranhava a reação de Matheus, que nem sequer a olhava.

Matheus pensava... Estava valendo a pena ser fiel? Sexo é sexo, amor é amor! Devem andar separados... Ou não?
— Matheus, como está?
— Bem... Muito bem.
— Sabe, fazia muito tempo que não saía com alguém. Foi bom tê-lo conhecido. Podemos nos encontrar sexta-feira?
— Sexta-feira? Eu...
— Na minha casa. Preparo um bom jantar, passamos mais alguns momentos agradáveis. Claro, a não ser que não tenha apreciado a minha companhia assim como apreciei a sua.
— Foi ótimo, acredite.
— Então sexta-feira? 22 horas?
— Está bem.

— Ótimo!
Rodrigo e Susana apareceram após algum tempo. As moças se aprontaram e logo em seguida despediram-se. Já ia amanhecer.
Matheus sentou-se no sofá e continuou a beber. Rodrigo aproximou-se:
— Então, Matheus, conte-me.
— Você só me arruma dor de cabeça.
— Por quê? Não foi bom?
— Não, nada disso. Acho que ela está apaixonada, quis de todo jeito marcar um encontro para sexta-feira, na casa dela... Não posso ir.
— Como não? Eu tentei de todo jeito remarcar com Susana e ela não quis. Vá mais uma vez, abuse, depois caia fora!
Rodrigo estava feliz. Estava dando certo. Não podia contar com ninguém, somente com ele mesmo. Estava usando Karen e Matheus. Aquela história do rapaz carente, sozinho, tímido que contara a Karen dera certo! Conquistou Karen, que, esperta, estava sabendo aproveitar a oportunidade. Sexta-feira, na casa dela... "Muito bom", pensava Rodrigo.
Matheus, com a cabeça cheia de pensamentos, foi para casa. E Madalena? Sentia enorme remorso ao lembrar-se do rostinho meigo dela. Ele a traíra. Não, não traíra. Trair seria se ele amasse Karen. Foi apenas sexo! Era jovem, tinha de aproveitar. E entre a culpa e as tentativas de se absolver perante si mesmo, Matheus banhou-se e, logo depois, adormeceu.

Capítulo XI

Assumindo Débitos

Madalena realizava atenta seu trabalho, quando percebeu a chegada de Matheus.
— Matheus... Por que se atrasou hoje? — e caminhou para beijá-lo.
— Liguei para você ontem à noite e ninguém atendeu.
— Fiquei até tarde aqui, depois comecei a beber com o Rodrigo e você já sabe... Acordei com uma dor de cabeça horrível! Ressaca! Mal conseguia levantar.
— Precisa diminuir esse ritmo de bebedeira. Estamos fazendo isso quase todo dia.
— É, querida, é verdade.
— Sabe, Matheus, desde que mudei para cá nunca mais fui ao sítio e você pelo jeito o comprou à toa. Poderíamos ir para lá no final de semana, relaxar, respirar ar puro.
— É. Não é má idéia. Fico só imaginando a cara daquele caipirão quando nos vir chegar juntos.
— Não fale assim dele, Matheus, coitado!
— Como não? Não se lembra como ele me tratou a primeira vez que fui lá? Mas fazer o quê, não? Ele perdeu a corrida... E o tesouro agora é meu!
— Engraçadinho. Não gosto que deboche do Zé. Ele é como um irmão para mim. Não tenho culpa se não sentia nada por ele.
— Ainda bem. Por que se seu coração sentir algo por aquele João-bobo eu arranco ele do seu peito! E outra, imagine se estivesse com ele: perderia o sítio, estariam certamente colhendo café em época de safra para algum fazendeiro, usando aqueles chapéus de palha com um baita sol na cabeça. Depois, iria carregar a carroça com ele com aqueles potes de doce que, certamente, devem estar cheios de bactérias.

— Pare com isso, Matheus. Respeite meus amigos, cresci junto com ele, com a família dele. Nunca sabemos o dia de amanhã...

* * *

José trabalhava com afinco e, aos poucos, estava conseguindo montar e decorar uma pequena casa, comprada à prestação, em um conjunto habitacional. Ao contrário dos demais operários, tinha completado o segundo grau e, com humildade, galgou alguns degraus e já possuía um cargo de destaque, o que lhe proporcionava maiores rendimentos. Estava feliz, pois conseguia mandar regularmente as remessas de dinheiro para a mãe, o que lhe deixava satisfeito.

E aquele era um dia especial. Sua mãe iria visitá-lo, conhecer sua nova casa e, o melhor, sua noiva, Fernanda. Haviam ficado noivos sem a presença da mãe de José que, na época, estava impossibilitada de viajar.

O rapaz fora buscá-la na rodoviária e Fernanda aguardava-os na casa de José.

Na rodoviária de São Paulo, o encontro entre mãe e filho foi emocionante. Quanto tempo não via seu filhinho... Zé era agora um homem, responsável, independente, tinha uma casa, um bom trabalho. Lágrimas e beijos eram de emocionar os corações mais gelados que passassem pelo local.

Fernanda havia caprichado na recepção. Mesa bem arrumada e farta. Após as apresentações iniciais e comentários sobre a viagem, sentaram-se à mesa para jantar.

— Ara, mãe, que coisa hein! O sítio da Madalena tá mesmo abandonado?

— Dá pena de vê, fio. Nem pra cuidá dos bichos vortaro. O senhor Malaquias, com pena, levô tudo os bezerro pro sítio dele e tá tratando. Agora as prantação perdeu foi tudo...

— Que judiação — comentou Fernanda, sem entender muito do assunto.

— Mas, me conte, meus fio, e oceis, como estão?

— Essa é a muié da minha vida, mãe. Ela sabe, eu contei pra ela que vim pra cá atrás da Madalena, que nunca a encontrei e que hoje desejo apenas que esteja bem.

— Mas oceis vão casá quando?

— Ainda não sabemos — respondeu Fernanda.

— Eu pretendo estudar agora, mãe. A firma me ofereceu pagar o curso de edificação. Com esse diproma eu viro chefe de veiz na firma!
— É, fio, ocê merece. É esforçado. Não sabe a alegria que me dá vê que já conseguiu um teto, um bom trabalho e que em breve vai se casá com uma boa moça, pelo que parece.
— Parece, não, mãe, é. E nóis tem compromisso hoje à noite, e a senhora vai com a gente.
— Que compromisso?
— Uma veiz por semana nóis vai rezá e a senhora hoje vai também.
— Igreja?
— Não, mãe. É um centro espírita que a Fernanda vai. Ela me levô um dia e gostei. Faz bem.
— Cruz credo, Zé. Num mexo com isso, não. Morto?! Deus me livre!
— Eu também fiquei assustado no começo mãe, mas caí do cavalo!
— Num vô, nem adianta!
— Deixa que eu explico, Zé. Dona Lourdes, eu nunca me envolveria com algo que fizesse mal a alguém. É um centro espírita cristão, estudamos o Evangelho...
— Deve de sê aquele tal Evangelho dos Kardec que é coisa do diabo.
Fernanda e José sorriram. Fernanda tentou convencê-la mais uma vez.
— Dona Lourdes, confie em mim. A senhora nos acompanhando hoje, afastará esse preconceito e verá que a realidade é muito diferente da que espalham e confundem por aí.
— Ara, mãe! Confia em nóis!
Após arrumarem-se e, com a dona Lourdes muito receosa, partiram em direção à Casa Espírita, que ficava a apenas alguns quarteirões da casa de José.
Dona Lourdes entrou e o que vira a deixou um pouco desconfiada.
— Tá estranho... Cadê o povo dançando, atabaque, estátuas, altar de oferenda...
— Dona Lourdes — disse Fernanda — o que estudamos aqui, o Kardecismo, não segue nenhum tipo de ritual. É somente isto aqui

que a senhora está vendo. Estes bancos onde nos sentaremos e aquela mesa, onde sentarão os dirigentes da casa.
— E é naquela mesa que eles vão invocá os morto?
— Não, mãe. Hoje é dia de estudo. Estamos estudando o *Evangelho Segundo o Espiritismo*, que é este livro aqui. Ele exprica as passage do novo testamento pela luz da revelação espírita. É bão a senhora lê. Vô dá um prá senhora.
— E depois tem uma sessão de passes — completou Fernanda.
— Que é isso?
— São pessoas que fazem essa caridade pela gente. É uma troca de energia, na qual quem aplica o passe procura transmitir algo de bom, tentando aliviar um pouco dos problemas que a pessoa carrega, seja doença ou algum problema particular. Mas não adianta apenas o passe, é necessário que se mantenha a oração e a vigilância. E agora silêncio, que vai começar.

Os três sentaram-se e o dirigente da casa iniciou com uma prece, proferida do fundo do coração e iluminada pelos mentores da casa que estavam presentes. Iniciou logo após com a leitura do livro *Fonte Viva*, de Emmanuel, psicografado por Chico Xavier.

João Batista, o dirigente, lia firme e pausadamente, dando espaços para a meditação.

— Eu abri ao acaso o livro — dizia João Batista — no capítulo "Desculpa Sempre". "Se perdoardes aos homens e suas ofensas, também vosso Pai Celestial vos perdoará".

Dona Lourdes ouvia tudo muito atenta e impressionada por ser tão diferente do que imaginava. Após a leitura do Evangelho, foram receber o passe, em que dona Lourdes também admirou a simplicidade e o bem-estar gerado pelos momentos passados naquele maravilhoso ambiente.

Ao saírem do Centro, José não podia deixar de perguntar o que a mãe achara:

— Então, mãe, o que achou?
— Fio, nunca imaginei espiritismo desse jeito. Eu só conhecia outro tipo. Lembra quando ocê era pequenininho e nossa vizinha insistiu pra te levá pra benzê? Era uma coisa esquisita, um monte de gente gritando, cantando, bebendo, Deus me livre e guarde! Achei que era isso de novo!
— É, dona Lourdes. Não podemos julgar nada nem ninguém, pois cada um encontra-se no estágio de evolução que

alcança, mas muitas pessoas misturam os rituais afro-brasileiros, candomblé, umbanda com o espiritismo Kardecista. O que falta é esclarecimento.

— Gostei desse espiritismo! A gente fica em paz naquele lugar.

— Viu, mãe? Donde já se viu que eu ia num lugar de coisa ruim?

E, após deixar Fernanda em casa, José e sua mãe foram abraçados e felizes rumo ao lar, com a consciência leve e tranqüila que somente um cristão consegue manter.

A noite sempre chega lenta e silenciosa e, quando percebemos, ela já nos envolveu. São poucos os que percebem sua chegada, mas os que a esperam preparam-se para recebê-la.

A noite é sempre um espetáculo e é durante ela que a mente trabalha com o máximo de sua energia.

Matheus estava no apartamento de Madalena e juntos assistiam a um filme.

Fazia alguns dias que Matheus não sentia a mesma inspiração para desenhar.

Era difícil se concentrar e, quando conseguia, os desenhos saíam mais violentos e eróticos que os anteriores.

Os roteiros adaptados aos desenhos eram cada vez mais obscenos, o que sempre gerava uma venda maior que o esperado.

Rodrigo mantinha acesa a vontade de possuir Madalena e trabalhava para isso.

Aguardou no carro que Matheus saísse do apartamento de Madalena para conversar com a garota. Não seria violento nem ansioso. Ela se entregaria a ele.

Duas horas depois, Rodrigo vira o carro de Matheus sair e, eufórico, foi procurar Madalena.

A garota estranhou a presença inesperada de Rodrigo e o mandou subir.

— O que faz aqui a esta hora, Rodrigo? Aconteceu alguma coisa?

— Posso entrar, Madalena? Tenho algo sério para lhe dizer.

Madalena, visivelmente assustada, permitiu que ele entrasse.

— Sente-se, Rodrigo, o que foi?

— O que tenho a dizer talvez lhe perturbe um pouco e...

— Fale logo, está me deixando nervosa.
— O que vou lhe contar é muito sério, por isso, preciso que prometa uma coisa.
— O quê?
— Nunca, mas nunca, diga que fui eu quem lhe contou.
— Não posso prometer sem saber do que se trata.
— Eu tenho uma admiração muito grande por você. Por isso me sinto na obrigação de lhe alertar que está sendo enganada.
— Como? O... o que está dizendo? Fale! — gritou Madalena.
— Matheus está traindo você, é isso.
Madalena havia recebido um choque. Estava paralisada, confusa.
— O que está dizendo?
— O Matheus sempre foi de farra, você sabia disso. Sempre tentei conter o ímpeto selvagem que ele tem, mas é natural do caráter dele. Não deve culpá-lo tanto e...
— Como você diz isso, hein? É mentira, seu invejoso!
— Bom, Madalena. Acalme-se. Eu não diria nada que não pudesse provar. Tome este endereço. Vá confirmar.
— É mentira, Rodrigo... Mentira...
— Eu não mentiria para você. Se estou aqui, delatando meu melhor amigo, é porque sinto algo por você, não concorda?
Madalena calou-se. Rodrigo sentou-se ao seu lado.
— Não concorda, Madalena?
— Sim.
— Venha. Vou levar-la até o local. Mas não dirá nada sobre mim. Diga-lhe apenas que o seguiu para fazer uma surpresa e, como ele mudou o caminho, resolveu continuar seguindo.
— Eu... É mentira, não preciso ir. Não sei por que está aqui, me dizendo tudo isso e...
— Venha, Madalena, levante-se.
Rodrigo vibrava por dentro. Depois do flagrante seria fácil aproximar-se de Madalena, aproveitar de sua fragilidade, dar-lhe conforto, um ombro amigo. E ela, em pouco tempo, seria sua.
Chegando ao local, Rodrigo deixou Madalena.
— Como você sabe que ele está aqui?
— Ele me contou. Somos amigos. Faz semanas que ele aguarda ansioso esse encontro. Sei que está abalada, quer que espere?
— Não, não. Se ele estiver mesmo aqui não sei o que farei.

— Você ficará chocada, Madalena. Não posso deixar que fique sozinha. Estarei esperando.
— Não, Rodrigo, não precisa. Sei me virar muito bem. Mas sinto que está enganado. Matheus não está aqui. É tudo um mal-entendido.
— Você que sabe, Madalena. Fiz minha parte. Se precisar de mim, sabe onde me encontrar.
Rodrigo ligou o carro e partiu. Madalena, convencida de que era um engano, subiu. O número do apartamento era 302. Tocou a campanhia e ninguém atendeu. Sentiu um alívio. Pouco antes de ir embora, uma moça, com traços orientais, abriu a porta.
— O que deseja?
— Eu... nada! Estou ficando louca!
Ia embora novamente quando ouviu alguém gritar, perguntando quem era. Reconheceu a voz. Sentiu seu corpo esmorecer.
— Espere! Quem gritou? — perguntou Madalena
— Meu namorado, por quê?
Madalena, empurrando a porta, pôde confirmar o que Rodrigo dizia. Viu Matheus, somente com as roupas íntimas, deitado no sofá. Matheus, sem palavras, levantou-se:
— Madalena!
Uma lágrima rolou dos olhos de Madalena. Estava desalentada. Quis desmaiar. Mas segurou-se.
Desceu correndo, como nunca havia corrido, até chegar a rua. Correu alguns quarteirões até encontrar um táxi. Entrou.
"Rodrigo estava certo", pensou.
Instintivamente, mandou o táxi seguir para a casa de Rodrigo. Surpreso, feliz e vibrante, Rodrigo pôde ver Madalena correr em sua direção e abraçá-lo.
— Acalme-se, Madalena. Vamos sair daqui. Matheus pode vir me procurar para me contar o ocorrido.
— Não acredito, Rodrigo, não acredito! Eu confiei nele cegamente. Eu... Eu não tenho ninguém, nem nada.
— Você tem a mim, Madalena. Vamos.
— Para onde?
— Vou colocá-la num hotel. Cinco estrelas, muito bom, até que decida o que fazer. Assim poderá descansar.
Madalena estava arrasada. Não conseguia conciliar um pensamento coerente. Pensava em matar Matheus ou entregar-se a Rodrigo

para se vingar. Como pôde fazer aquilo com ela? Tinham planos, pretendiam se casar, ter filhos. Sua vida estava acabada. Desejava morrer. Não tinha ninguém, absolutamente ninguém. Rodrigo observava Madalena. Estava radiante. Como era bonita a danada. Olhos ainda da inocência... E melhor: seus desejos estavam para se concretizar.
— Chegamos, Madalena. É um dos melhores hotéis da cidade. Vai adorar.
— O que eu fiz de errado? Diga-me?
— Nada. O Matheus sempre foi inconseqüente. Não avalia os riscos das aventuras a que se propõe. Desta vez não poderia me omitir diante do que estava fazendo.
— Por que você me contou?
— Por que você merecia saber a verdade, Madalena. É honesta, carinhosa, boa. Não achei certo que fosse enganada.
— Mas ele é seu melhor amigo.
— Mas você fez com que eu esquecesse isso.
— Não sei... Vou tomar um banho.
— Tudo bem. Pedirei algo para nós tomarmos.
Estava totalmente confusa. Não sabia o que fazer. Durante o banho, muitas coisas passaram pela sua cabeça. Ir embora de São Paulo, matar-se. Não, não podia dar-se assim por vencida. A vida continuava, tinha muito ainda para fazer.
Ao sair do chuveiro, uma mesa delicadamente preparada a esperava.
Rodrigo era experiente na arte de ludibriar pessoas, sabia exatamente como agir, o que dizer, para realizar, naquela noite mesmo, seus mais recônditos desejos.
— Sente-se, Madalena. Beba comigo. Vamos tentar esquecer, nem que seja por alguns minutos, o que aconteceu.
— Obrigada, Rodrigo. Por tudo.
— Não acho que seja necessário que eu diga por que fiz tudo isso? Precisa?
— Não, Rodrigo. Não precisa falar.
Rodrigo não poderia querer resposta melhor. Aproximou-se de Madalena, que ficou imóvel. Beijou-lhe suavemente e ela deixou-se levar. Estava entorpecida, pelo álcool, pelos acontecimentos, pela baixa vibração em que se via envolvida desde que mudara para São Paulo.

Assumindo Débitos

As tentações rondam por todo instante nossa vida. Cabe a nós afastar atitudes e evitar situações que nos comprometam no futuro, tanto material quanto espiritual.

Em pouco tempo, tudo estava realizado. Rodrigo não se importou com o fato de Madalena não esboçar nenhum sentimento. Madalena olhou pouco depois para o lado. Rodrigo dormia. Em nada se importava com ela também. E daí? Quem se importava? Talvez nem ela ligasse para si mesma.

Levantou-se e caminhou para a mesa de jantar que, posta, não fora utilizada.

Abriu outra garrafa de bebida e durante toda a noite ficou a beber, pensando no que estava se transformando sua vida.

CAPÍTULO XII

REFLEXÕES

— Diga-me, Pepe, e agora?
— Agora? Sei lá. Esperar. Enquanto isso, vamos descansar.
— Esperar o quê?
— Ora, Honório, fique tranqüilo. É só esperar que Rodrigo, ou Matheus, ou Madalena, ou qualquer outro queira alguma coisa.
— Como assim?
— Acho que você tá precisando de outra sacudida. Diga-me, você curtiu?
— Bem, sim.
— Ótimo. Foi por isso que fizemos tudo isso. Cara, gostei desse hotel.
— Olha, Pepe, eu não sei. Alguma coisa está errada. Matheus traiu a Madalena, Rodrigo conseguiu ficar com ela. Nós... nós ajudamos que isso tudo acontecesse e eles nem sabem que existimos.
— É? Não diga!
— Eu... eu vou atrás do Matheus.
— Que gracinha... Está arrependido? Ou será que vai fazer desenhinhos? rá, rá, rá...
— Não enche! Eu vou indo.
— Epa! Espere aí. Não vai saindo assim, não. Somos um time.
— Eu só quero ver o Matheus e, quem sabe, desenhar também.
— Se é só isso, eu vou junto. Deixa os dois pombinhos em paz um pouco. Já já eles acordam, vão olhar um pro outro e perguntar: o que fizemos? Adoro essa cena, mas, se desenhar é tão importante, vamos embora.

Honório e Pedro saíram pela rua. Pedro, há muitos anos desencarnado, somente tinha conhecido aquele tipo de experiência material. Muito havia aprendido como influenciar pessoas e orgulhava-se dessa sua capacidade. Somente buscava o prazer, não importavam os meios necessários para isso. Não sabia o quanto a vida lhe cobraria depois. Orai e vigiai, talvez o mais importante ensinamento deixado por Cristo. Honório estava confuso. Sabia que algo estava errado. Enquanto Pedro caminhava ao seu lado, comentando sobre a conquista realizada, Honório estava longe. Pensava se não existia continuidade para a vida. Seria somente aquilo? E Deus? Onde estava Deus? E o julgamento a que todos seriam levados? E o diabo? Céu, inferno, onde? Seria aquilo o meio termo, o purgatório?

Quanto mais pensava, mais ia ficando confuso e mais perguntas vinham-lhe à mente.

Estava cansado. Queria poder deitar em uma cama limpa, macia e descansar. Acordar no outro dia, com o sol batendo-lhe no corpo, ter alguém para conversar. E as pessoas que morreram que ele conheceu? Onde estariam? Andando por aí, também? Estava lhe dando vontade chorar. Queria gritar, pedir socorro.

Sem explicar, um vento frio bateu sobre ambos e um senhor, muito sorridente e simpático, parou diante deles.

Honório estava reconhecendo. Seria ele mesmo? Estaria tendo alucinação?

— Mestre Augusto? É o senhor?

Pedro estava paralisado. Algo havia sugado toda sua força e ele se vira obrigado a sentar. "Era o maldito choque", pensava.

— Quem é você? Some, some! — gritou Pedro.

— Acalme-se, Pedro. Este é meu velho mestre, quem me ensinou a pintar. Praticamente... meu pai!

— Filho, como é bom encontrá-lo novamente. Enfim, parou para pensar. Por que seguiu este caminho? Não lhe ensinei somente a amar? A expressar este amor por meio da pintura?

Honório começou a chorar. Seu pranto era profundo e abundante. Em meio aos soluços, ia recordando tudo quanto aquele bondoso velhinho havia lhe ensinado.

— Honório... há tanto tempo estou tentando me aproximar de você... Apenas agora você ofereceu essa oportunidade. Seu desejo de paz e mudança proporcionou essa ligação. Deus, meu filho, está sempre pronto a nos escutar, basta que aprendamos a falar.

Augusto aplicou passes espirituais em Honório, que adormeceu. Olhou para Pedro e sorriu:
— Venha você também, amigo. Venha descansar um pouco.
— Sai... sai! Afaste-se de mim, demônio! — bradava em alto tom Pedro.
— Você ainda terá sua chance, amigo. Basta mudar seu pensamento, mas, lembre-se, quando estiver cansado e precisando de um amigo, basta chamar. Enquanto estiver agindo assim, estará se afastando do caminho do bem.

Augusto, acompanhado de sua equipe espiritual de auxílio, recolheu Honório que dormia profundamente em virtude dos passes que havia recebido e, diante dos olhos de Pedro, foram se afastando.

Pedro, muito lentamente, conseguiu levantar-se e, cambaleando, começou a andar e, com as palavras de Augusto na cabeça, ficava apenas imaginando a que tipo de mudança se referia. Mas prosseguiu andando, cambaleante, até que estivesse pronto a trilhar o redentor caminho do bem.

* * *

— Não! Eu sou um fracasso, em tudo! Por quê? Por quê? — e Matheus soluçava e gritava, em meio a uma praça.

O dia, ao longe, ia despontando.

— Madalena... — gritava — Madalena! Para onde você foi? Eu sei que mereço morrer, mas me perdoe...

Matheus gritava, soluçava e bebia. Caminhou durante muito tempo, até que, com o esgotamento de seu corpo e sua mente, adormeceu, ali mesmo, na rua.

Diferente da noite que lentamente se aproxima e mostra sua beleza e sua força, o dia chega sorrateiramente, ocupando seu lugar.

Carros, multidões, trens, barulho alucinante para os ouvidos desacostumados. Assim se mostrava o dia na grande metrópole.

Rodrigo e Madalena despertaram e, um pouco sem jeito, se cumprimentaram.

— Eu preciso ir, Madalena. Tenho muito que fazer na Revista. É provável que Matheus não apareça hoje. E você, o que pretende fazer?

— Vou pegar um táxi e vou para casa. Ainda não sei direito o que fazer.

Rodrigo ia se retirando, quando Madalena o segurou:
— Não sei o que está pensando ou vai pensar de mim, mas, de qualquer forma, obrigada pela noite e pelo que fez por mim até agora.
— Madalena... Eu é que agradeço.
Rodrigo estava totalmente desconcertado. Essa era a última atitude que ele esperava de Madalena. Agradecer? E achando estranho, foi para a Revista, pensando todo tipo de besteira quanto lhe era possível.
"Bem, talvez eu seja mesmo irresistível."
Após a saída de Rodrigo, Madalena sentou-se na cama e começou a chorar profundamente.
Agradecer Rodrigo foi uma maneira que achou para sair daquela situação com um pouco de dignidade.
O que tinha feito? Meu Deus, o que tinha feito? Sentiu nojo de si mesma. Matheus havia errado sim, mas e ela? Tinha feito pior. Deveria ter se mantido firme, ido para casa, nem que fosse para beber tudo o que tinha direito, mas entregar-se assim para o Rodrigo? E se Matheus soubesse? Ela não odiava Matheus. Talvez até o perdoasse pelo que fizera, mas e ela? Ela era pior que ele e estava provado!
Após outro banho, como que querendo limpar-se de uma sujeira que estava por dentro, foi trabalhar.
Matheus abriu os olhos e pôde ver várias pessoas ao seu redor. Estranhavam, pois não parecia ser mendigo. As roupas, o relógio, a pele bem cuidada não eram de alguém abandonado.
Ele, envergonhado, levantou-se.
— Ô companheiro, desculpa atrapalhar seu sono, mas eu armo minha barraca aqui. Deita só um pouquinho mais pra lá...
— Não, me desculpe, eu já vou indo.
Levantou-se e foi embora. Colocou a mão no bolso e... incrível! A carteira ainda estava lá.
Conseguiu lembrar onde deixou o carro e foi para casa. Ao entrar, começou a recordar da noite passada. A besteira já estava feita. Tinha agora de consertar.
— Como Madalena o havia encontrado? E onde estaria agora? Percorrera todos os lugares possíveis.
Precisava trabalhar, talvez ela estivesse na Revista e, se estivesse, poderiam conversar.

E Matheus, confiante no perdão de Madalena, foi trabalhar. Ao entrar no escritório, pôde ver Madalena trabalhando, sem que ela o visse. Disfarçadamente, entrou na sala de Rodrigo. Entrou e sentou-se. Rodrigo, naturalmente, o cumprimentou, fingindo nada saber.

— Rodrigo, preciso da sua ajuda. Meu amigo, como eu sou burro...!

Matheus contou todo seu drama da noite passada. Contou o jeito como misteriosamente Madalena aparecera no apartamento. Rodrigo, cinicamente, esboçava cada reação de surpresa e continuava a ouvir tudo atentamente.

— Mas que encrenca, Matheus!
— Não sei o que fazer, Rodrigo. Eu amo a Madalena, você sabe disso. É difícil me imaginar sem ela.
— Eu entendo.
— E o que eu faço?
— O melhor, Matheus, agora, é não fazer nada. Deixe a poeira abaixar, a raiva dela sumir, depois você a procura.
— Acho que tem razão. É melhor esperar um pouco. Aliás, tome! São os desenhos para a publicação deste mês.
— Certo. Mandarei para a redação.

Madalena viu quando Matheus saiu da sala de Rodrigo. Será que deveria procurá-lo, perdoá-lo e pedir que jurasse que nunca mais a iria trair?

Levantou, iria procurá-lo, mas... Rodrigo teria contado algo? Se Matheus soubesse o que aconteceu, era possível que os matasse. Antes que saísse da sala, Rodrigo entrou.

— Rodrigo, o que ele disse?
— Nada que não soubéssemos. Disse que está apaixonado por Karen, só não sabia como terminar com você antes, pois você não tem ninguém, nem onde trabalhar, essas coisas.
— Ele... ele disse isso?
— Esquece esse cara. Hoje à noite, no meu apartamento?
— Não, Rodrigo, espere! Não quero me envolver com você. Preciso primeiro conversar com Matheus, afinal, ainda temos alguns negócios em comum. Depois repensar minha vida e... Meu Deus, me ajude!
— Madalena, acalme-se. Vá em casa hoje apenas para conversarmos.

— Não, Rodrigo, desculpe-me. Primeiro preciso conversar com Matheus. Ele foi importante para mim, de várias formas. É impossível que eu não signifique nada para ele.
— Claro que significou. Diversão! Como Karen será agora, etc...
— Não é apenas isso, Rodrigo, tenho certeza de que alguma coisa ainda nos une. Vou falar com ele.
— E o que dirá de nós?
— Nós?
— Sim, sobre nossa noite maravilhosa. Não estou disposto a perdê-la.
— O que quer dizer?
— Que vou lutar por você!
— Lutar como?
— Do jeito que for necessário.
— Acha que me chantageando eu vou gostar de você?
— Não, não. Eu não chantageio.
Madalena saiu. Não conseguia ficar perto de Rodrigo. Por que fizera aquilo? Entregar-se a alguém que não conhecia e, justamente, o melhor amigo de Matheus. Precisava parar de beber. Não sabia o que fazer.
Estava na hora do almoço. Pensaria com calma em como sair daquela situação.
Rodrigo procurou Matheus e o convidou para almoçar.
Foram até um restaurante perto da Revista.
— Rodrigo, vou procurá-la esta noite. Levarei flores, ajoelhar-me-ei, se for necessário!
— Matheus, eu tenho uma coisa que talvez lhe perturbe um pouco para contar.
— O que aconteceu Rodrigo?
— Hoje cedo, quando foi me contar o que aconteceu... Eu já sabia.
— Como... como assim?
— Por isso o aconselhei a esperar um pouco antes de procurá-la.
— Mas, como você sabia? Ela foi lhe contar?
— Sim. Ontem mesmo.
— Ontem? Como?
— Ela foi me procurar em casa.
— Mas eu fui até a sua casa e...

— Nós não ficamos lá.
— Foram para onde?
— Olha, Matheus, me escute. Ela me contou e começou a gritar, desejando que você morresse. Fomos até um parque, num lugar deserto.
— Ela continuou gritando, com muito ódio.
— Esquece o lugar, não me interessa! E daí?
— Eu... Matheus...
Matheus levantou e, pegando Rodrigo pelo colarinho, sufocando-o, gritava:
— Fale! O que aconteceu?
— Ela tirou a roupa e veio para cima de mim, pedindo que eu a possuísse assim como você devia estar possuindo aquela mulher! É isso. E me larga!
— Você... Você se deitou com ela?
— Calma, Matheus. Coloque-se no meu lugar. Depois ela disse que foi para se vingar, que depois iria matar você.
— Seu traidor, sujo...
— Matheus, eu sou homem, pôxa! Ela é uma mulher bonita e o culpado não sou eu. Eu não sinto nada por ela!
Matheus sentou. Culpar quem? Colocou-se no lugar de Rodrigo. Era homem e sem juízo. Não tinha como culpá-lo.
— E o que faço Rodrigo? Mato ela?
— Claro que não! Pode se vingar dela. Mas eu acho melhor apenas esquecê-la.
— Claro. E deixar para você!
— Se aceitar, eu tenho uma idéia.
— Que idéia?
— Sente-se. Relaxe.

* * *

Pedro caminhava desolado, procurando Honório. Andou por muito tempo e, claro, não o encontrou.
— Acho que vou desistir — pensou Pedro. — Mas não posso ficar sozinho. Vou atrás de Rodrigo.
E Pedro seguiu seu caminho, na expectativa de continuar levando a mesma vida de antes.
Honório abriu os olhos. Estava numa cama, limpa e macia, como sonhara. Não conseguia ainda enxergar direito, sua vista estava embaçada.

Olhou novamente. Ao seu lado, apenas uma senhora, uma janela, uma cortina. Ao lado da cama, um criado, com uma jarra d'água. Tentou mexer-se, mas não conseguiu. O corpo estava dolorido.

— Olá, senhora. Poderia me dizer onde estou?

— Olá, Honório. Está num lugar onde será ajudado a se restabelecer. Sente-se bem?

— Não. Muitas dores. Onde está Augusto?

— Procure não se esforçar muito. Volte a dormir. Tente orar um pouco.

Honório bebeu um pouco daquela água e tentou mentalizar Deus. Como seria Deus? Não imaginava como Ele seria. Então mentalizou Jesus e, aos poucos, tornou a dormir.

Capítulo XIII

Reencontros

— Quando, José?
— Daqui treis meis tá bão?
— Ótimo.
— Ara, Nanda, era o que eu queria.
— Mas não prefere estudar, como disse?
— Ara, casado eu num posso estudá, não?
— Pode, claro! Mas eu estou nervosa.
— Mas é só daqui treis meis.
— Eu sei. Mas casar é sempre... casar! Arrumar tudo, é estranho!
— Nóis vamo sê muito feliz. Vamo enchê essa casa de criança. Depois que eu me formá, vô ganhá muito mais, aí nóis vai vivê muito mió.
— Encher a casa de filho, Zé? Tá doido?
— Ocê num qué fio?
— Quero filho, sim. Mas tudo deve ser pensado.
— Deus que sabe quantos é bão!
— Não, senhor! Nós devemos fazer nosso planejamento também. Os que vierem serão bem-vindos e receberão muito amor, mas nós estaremos conscientes disso.

José e Fernanda viviam felizes. Estavam com o casamento marcado e trabalhavam, o que lhes proporcionava uma vida tranqüila.

Somente uma rotina saudável pode trazer a tranqüilidade necessária ao espírito. Uma vida repleta de preocupações, turbulências, tensões, não proporciona alívio nem ao corpo nem à mente.

Muitas pessoas reclamam da rotina estabelecida pela vida, não enxergam nela a oportunidade de colocar regras e se dedicar a novos trabalhos, não somente espirituais, mas na família, na comunidade, na própria vida. Dedicar-se a um lazer, assim a alma adquire fortaleza e clama por novos desafios, visando à evolução.

Madalena estava em casa. Havia adquirido o hábito de beber todas as noites.

Sempre que chegava, abria uma garrafa de alguma bebida. Antes, bebia em companhia de Matheus; agora, em estado depressivo, achava que a bebida trar-lhe-ia alguma solução. Quanto engano.

Após algum tempo que estava deitada no sofá, a campainha tocou. Era Rodrigo.

— Posso entrar?
— Eu já disse Rodrigo. Preciso pensar e...
— Escute-me, Madalena, por favor.
— Entra, vai.

Aconchegaram-se no sofá.

— O que você quer, Rodrigo?
— O que acha que quero?
— Ah, Rodrigo, desculpe-me pelo que aconteceu naquela noite. Eu estava revoltada e acabei fazendo uma enorme besteira. Eu vou atrás do Matheus, eu o amo! Entende?
— Claro. Ama. E o que acha que ele vai dizer quando souber que dormiu com o melhor amigo dele? Hein?
— E o que ele vai dizer quando souber que o melhor amigo dele o entregou?
— Acorde, Madalena. Ele não quer mais saber de você. Está feliz que não a procurou.
— Feliz?
— Eu a defendi. Ele disse, como da outra vez, que você é passado. Segundo ele, foi um desafio domar um bicho do mato.
— Ele... Mentira, Rodrigo. Ele nunca diria isso.
— Olha, Madalena, eu acabei discutindo com ele por sua causa. Disse que não era atitude de homem a dele.
— E ele?
— Pouco se importou. Para ele, agora só importa a revista e a tal oriental. Ele disse que ninguém ia se importar ou querer você.
— É muito estranho. Eu o amei. Amo-o — dizia melancólica.
— Larguei tudo por ele.
— Um erro.

— O que eu faço, me diga?
— Mostre a ele quem está por cima? Que não é qualquer uma. Mostre que muitos homens a querem, que ele é burro em trocar você assim.
— Está louco, Rodrigo? Nunca sairia por aí com todo mundo somente para impressioná-lo.
— Quem disse isso? Faça diferente. Conheço uma revista de fotos, nus artísticos, entende?
— Imagine, Rodrigo! Não teria coragem.
— Pense. Pense com calma.
— Não sei.
Rodrigo ia se aproximando, tocando em Madalena.
— De novo não, Rodrigo, pare. Eu ainda...
— Não diga, Madalena. Ele não lhe quer, você sabe. Você somente foi um passatempo para ele. Eu, sim, quero você.
E novamente Madalena caiu na conversa de Rodrigo. Embriagada pelas palavras de Rodrigo, pelo vinho, pelo ambiente e por sua fraqueza.
Lar é um ambiente sagrado. Não devemos permitir que baixas vibrações se instalem em nossas casas. E não é brigando que adquirimos paz, é através das atitudes. Discussões, brigas, devem ser evitadas.
Nosso lar deve, sim, proporcionar paz, um local onde possamos repousar do cotidiano de lutas que nos são impostas.
— Por quê? Por quê?
Matheus estava abalado. Nada conseguia desenhar.
— Aquela safada me paga! Foi minha inspiração e minha desgraça!
Culpava Madalena pelo fato de não conseguir desenhar mais. Mal sabia ele que o motivo que o fazia desenhar havia sido afastado, para seu próprio bem, até que estivesse novamente apto a trabalhar seu lado mediúnico.
O afastamento de Honório também causava mal-estar em Matheus que, com o tempo, acabara se acostumando com a presença dele e com a troca de energia. Essa falta estava lhe causando mal-estar e irritação. Ele não conhecia o poder renovador da oração.
— Nada. Não sai nada! Nem um rabisco. Vou sair, quem sabe na volta eu consiga desenhar mais.

Rodrigo levantou-se rápido da cama. Havia levado uma máquina fotográfica. Deitou-se ao lado da garota e programou no automático. Várias fotos suas ao lado dela foram tiradas. Tirou muitas dela nua sozinha na cama também. Com as luzes, Madalena acordou.
— O que está fazendo?
— Tirando fotos, afinal, em breve você será modelo.
— Não, pare. Não quero ser fotografada.
— Ora, Madalena deixe de vergonha. Você é linda, todos irão querer vê-la.
— Não acho.
— Vá tomar banho.
E Rodrigo fotografou Madalena no banho também.
— Não sei se vou querer tirar fotos para a revista.
— Vou revelar estas. Se gostar, ótimo. Você decide.
— Depois do que estou fazendo, não me importo se Matheus não me quiser mais. Sou nojenta!
— Ele também a traiu. Você é a vítima.
— Não interessa. Tenho vergonha de mim mesma.
Rodrigo despediu-se e retirou-se. Agora, com as fotos em mãos, provaria para Matheus que ela o traíra. Com isso, ele não a procuraria mais. E Madalena seria sua quando bem quisesse. Pouco se importava com ela, queria apenas realizar suas fantasias.
Estava orgulhoso de si mesmo, conseguia a mulher que quisesse.
Matheus voltou ao apartamento e, inutilmente, tentou desenhar novamente. Após várias tentativas, resolveu dormir.
No dia seguinte, chegou cedo à Revista. Por ele, não pisava ali nunca mais. Mas queria se distrair um pouco. Porém, como se distrair, se a qualquer momento corria o risco de cruzar com Madalena e Rodrigo?
Quando já era quase hora do almoço, percebeu que nem Madalena nem Rodrigo haviam chegado ainda. Deviam estar juntos, pensou.
Ia saindo para almoçar, quando viu o carro de Rodrigo estacionar.
— Onde estava, Rodrigo?
— Entre, vamos. Preciso lhe mostrar algo.
Sentaram-se no escritório de Matheus e Rodrigo entregou-lhe um envelope.

— Desculpe a demora, mas tive de esperar a revelação.
Matheus, ao olhar cada foto, ia ficando chocado. Lágrimas de ódio e frustração iam percorrendo-lhe a face.
Levantou-se bruscamente e começou a bater em Rodrigo.
— Seu animal pervertido! Eu a amava! — batia e gritava, com todas as suas forças.
— Pare, Matheus. Ela me procurou e você sabe disso.
Rodrigo, mais forte, empurrou Matheus, que caiu sentado.
— Fiz isto e fotografei com sua permissão e porque sou seu amigo. Essa mulher não presta, não o merece. Nem a mim. Devemos ensinar uma lição a ela.
— Vou matá-la, Rodrigo. E, depois, você!
— Que besteira. Mande-a de volta pro meio do mato e, quanto a nós, continuamos com a revista e a boemia...
Madalena estava decidida. Não voltaria à Revista e mudaria sua vida. Não teria coragem de olhar Matheus novamente. Se ele havia errado, ela havia errado em dobro. Nunca, o que fez, teria perdão.
Arrumou suas coisas e colocou no carro. Olhou o apartamento. O choro estava sufocado na garganta.
Voltaria para sua cidade. Reveria os amigos, poucos, mas sinceros.
"Muito havia aprendido e errado, mas sempre é tempo de recomeçar", pensou.
— Pare, Matheus, está louco. Isso é a única...
— Cale-se! Já! Piquei, sim, todas as fotos. Onde estão os negativos?
— Eu não...
— Dê-me... agora! Eu não estou brincando, Rodrigo. Sou capaz de fazer coisas que não imagina. Onde estão?
— Aqui. Mas, o que pretende?
— Vou atrás dela. Se ela disser, nos meus olhos, que não me quer mais, entenderei. Caso contrário, estou decidido a esquecer tudo isso. Muita coisa está mal explicada. Não tivemos chance de conversar.
Matheus saiu decidido a encontrá-la. Foi primeiro no apartamento dela; depois, ao seu.
Sem encontrá-la, procurou em alguns lugares onde ela pudesse estar. Em vão.

Após cansar de andar e procurá-la, foi tomado pelo cansaço. Onde estaria? Chorou copiosamente por algum tempo.
— Meu Deus, deixe-me encontrá-la e conversar apenas por uma vez. Mas onde ela está? Onde... Mas é claro! No sítio! Do lugar onde estava, levantou-se e partiu para o sítio.
Madalena estava desapontada. Encontrara o sítio no mais absoluto abandono. Dos animais, não havia um, onde quer que fosse. Olhava tudo, com muita amargura.
— Papai, perdoe-me — e chorava, com profundo sentimento de culpa. — Destruí tudo o que meu pai tanto lutou para conquistar. Eu não valho nada, Deus, nada!
Caminhava pelos pastos, pelas plantações. Tudo tomado pelo mato. A casa, do mesmo modo como havia deixado. Poeira acumulada em tudo e bichos por todo canto.
E José? Como será que está?
Resolveu sair dali, pois, afinal, o sítio não era mais seu. Iria até a casa de José. Como será que ele estava? Ficaria surpreso em revê-la?
Avistou ao longe a casa de José. Uma estranha sensação tomou conta de si. Como seria recebida? Estariam todos bem? Aproximou-se lentamente, com muito receio. Viu dona Lourdes no quintal. Aproximou-se devagar.
— Dona Lourdes... Que saudades!
— Madalena? Minha fia, entra. Como é bom vê-la! Que faz por aqui?
— Estava precisando descansar. Vim respirar um pouco de ar puro. E José?
— Ocê num sabe, fia?
— Não... Não sei de quê?
— Assim que ocê mudô daqui, ele também amontoou as tranqueira dele e foi pra São Paulo.
— Como?
— Ele tava disposto a te encontrar em qualquer lugar, ficá cocê. Eu tinha avisado pra ele que o coração prega peça, mais num me escutô!
— Mas ele nunca me procurou... Não acredito, Dona Lourdes. Ele foi atrás de mim? Mas, onde ele está?

— Muita coisa aconteceu, minha fia. Ele chegô em São Paulo e viu que não era como ele imaginava. Só arrumou trabaio de peão de obra.
— Meu Deus...
— Carma, fia! Ocê sabe que o Zé é inteligente e esforçado. É meu fio. Conseguiu crescê, se destacô! Comprô casa, virô patrão, tá estudano pra levantá prédio, me manda dinheiro todo meis. Tá bem e feliz. Com tanto trabaio e ocupação, nunca conseguiu saí pra te procurá.
— Dona Lourdes, a senhora sabe onde ele mora?
— Mais é craro! Já visitei ele na casa nova. Sô mãe dele.
— A senhora me dá o endereço?
— Craro, anota aí.
Madalena, apressada e confiante, anotou o endereço, mas, antes que saísse, Dona Lourdes a chamou:
— Fia, eu não ia contá, mas é bão.
— O quê?
— Ele vai casá! Com uma moça boa e responsáver.
Madalena não sabia o que responder. Apenas despediu-se e partiu. Ainda não conseguia acreditar em tudo aquilo.
José havia largado tudo para ir atrás dela. Sofreu, lutou, venceu e... Esqueceu-a? Todos tinham facilidade em esquecê-la, pensou tristemente. Iria se casar? Mas com quem?
Pensando muito e visivelmente abatida, lançou-se novamente na estrada, retornando a São Paulo.

— Desculpe incomodar a esta hora, mas... É aqui que mora o José?
— Bem... É e não é.
— Posso entrar?
— Bem. Entre.
— Obrigado, senhora. Meu nome é Matheus, a senhora não me conhece e...
— Como ocê conhece meu fio?
— Eu a vi somente uma vez, quando comprei o sítio da Madalena e...
— Ocê que é o namorado dela?
— Bem... Espero que sim.
— Ela veio aqui inda hoje.

— Ela esteve aqui? Onde ela está?
— Ela veio procurar o Zé. Ela num sabia que ele tinha mudado pra São Paulo.
— Ele está morando em São Paulo?
Após apresentar-se e contar novamente a história, dona Lourdes indagou:
— Mas o que tá sucedendo? Ocêis brigaro, foi?
— Mais ou menos, dona Lourdes, estamos apenas nos desencontrando. A senhora não me daria o endereço do José?
— Ah, num dô não! Ocê vai lá brigá com o meu fio que tá vivendo em paz e feliz.
— Não, senhora, eu juro que não. Prometo por tudo que é sagrado que respeitarei a casa do seu filho. Eu preciso apenas encontrar Madalena.
— Ocê jura por Deus?
— Juro, dona Lourdes, juro. Juro por Deus!
— Anota aí.

Capítulo XIV

Novos Caminhos

— Como se sente, Honório?
— Bem. Estou muito melhor. Não sinto mais dores e já caminhei pelo jardim.
— Que tal caminharmos mais um pouco? Tem uma pessoa que gostaria de vê-lo.
— Quem?
— Fique tranqüilo, Honório, acompanhe-me.

Desde que fora recebido e amparado na colônia espiritual, Honório recebeu cuidados semelhantes a um paciente encarnado. Cuidados que visavam repor as energias que havia gastado indevidamente durante o tempo de perturbação que passou na Terra.

Após o período de descanso, aos poucos, ia recompondo sua plena consciência e conseguia enxergar o quanto havia prejudicado outras pessoas.

Já ansiava novamente pelo trabalho e por novos aprendizados.

Álvaro, um bom amigo, havia acompanhado o período de restabelecimento de Honório.

— Onde estamos indo?
— A um descampado nos limites da colônia. É um local de muita paz, que proporciona excelentes momentos de reflexão e oração.
— Álvaro... Eu queria agradecer tudo o que fez e tem feito por mim neste tempo. Não me conhece e dedicou imenso carinho e atenção, tendo também muita paciência naqueles momentos em que fazia as mais variadas perguntas, sem que fosse a hora certa.

— Você ainda entenderá, Honório, que não é preciso conhecer para aprender a amar. Devemos amar incondicionalmente, sem que haja algum tipo de laço para isso. Muito ainda tem a aprender. Todos nós temos.

— Aprenderei a realizar o trabalho que faz?

— Para fazer o que faço, é preciso apenas amar, Honório. Mas pode ser que outro tipo de trabalho solicite seu tempo.

— Tomara, Álvaro. Não vejo a hora de sentir-me útil novamente.

— Bem, Honório, meu trabalho acaba aqui. Agora, outra pessoa irá acompanhar-lhe.

— Quem?

Honório olhou à sua volta e pôde ver a imagem de Augusto aproximar-se.

Quando virou para Álvaro, viu que este já se encontrava a certa distância. Outro trabalho solicitava sua atenção.

— Mestre Augusto...

— Meu filho. Estou tão feliz em ver que está trilhando novamente o caminho correto!

Após um período de emocionante reencontro, começaram a caminhar juntos.

— Diga-me, meu filho, agora que está restabelecido, o que pensa em fazer?

— Eu? Bem, esperava que o senhor me orientasse.

— Lembra-se quando me perguntou o que deveria pintar, quando estava começando?

— Sim.

— O que eu disse?

— Que eu deveria saber o que melhor eu poderia pintar.

— Exatamente. Somente nós é que podemos enxergar nossos erros e defeitos e o melhor modo de consertá-los. Claro que podemos aconselhar uma ou outra forma de melhor realizar um trabalho.

— Sabe, eu, hoje, sou capaz de ver que agi mal em interferir na vida de alguém e usar o talento que me foi confiado para fazer aquele tipo de trabalho. Foi um trabalho vazio.

— Sim, Honório. É bom enxergar o erro e arrepender-se, mas somente o trabalho no sentido da correção é que resgata totalmente nossa falta.

— O que devo fazer, então?
— O que acha que deve fazer?
— Acredito que tenho uma infinidade de coisas para aprender, por exemplo: como conseguia me aproximar de Matheus e fazê-lo desenhar? O Pedro, que estava comigo, mostrou-me muitas coisas, como arcos de energia que envolviam as pessoas e...
— Honório, tenho uma proposta a lhe fazer. O que acha de, na parte da manhã auxiliar no hospital que lhe socorre, com serviços básicos de assistência, e, no período da tarde, estudar? Assim, conciliará trabalho e estudo; com isso, ampliará seus créditos para mais à frente retomar a pintura.
— Seria maravilhoso! Eu poderia fazer tudo isso?
— Claro. Fico feliz que tenha gostado. E, se quiser, durante uma ou duas horas na noite, podemos nos encontrar e assim irá esclarecendo dúvidas que forem surgindo.
— Muito obrigado, mestre, obrigado.
— E deixe esse mestre para lá. Aqui, somos amigos. Sou Augusto e, você, Honório. E não agradeça a mim, mas sim a Deus e a Jesus Cristo que está nos concedendo esta oportunidade.
— É verdade. Mas só me esclareça isso por agora. Por que conseguia me aproximar de Matheus?
— Vou explicar de um modo bem simples. É necessário muito estudo para compreender as maravilhas da mediunidade e suas diversas formas de manifestação. Matheus é um médium, ou seja, possui a capacidade de, de uma ou outra forma, ter contato conosco, da espiritualidade. Você, Honório, de modo inconsciente trabalhou a mediunidade dele. Estavam na mesma sintonia. Aí é que entram os tais "arcos" citados por Pedro. Esses arcos formam-se em torno de todos os indivíduos, encarnados ou não, pelo teor de seus pensamentos e pelo ritmo de vida que levam. Você e Matheus mantinham essa afinidade, por isso não foi difícil aproximar-se dele.
— Estou entendendo. Mas, diga-me, Por que Pedro, sabendo de tudo isso, insiste em levar aquela vida?
— Ele tem, sim, algum esclarecimento, mas falta-lhe vontade de abandonar as sensações a que estava acostumado quando encarnado.

Honório e Augusto caminharam por mais algum tempo e conversavam alegremente pelos campos.

Augusto acompanhou-o novamente até o hospital e mostrou-lhe o trabalho inicial que ia desenvolver e o curso básico que freqüentaria, no qual as dúvidas dos recém-chegados eram sanadas. Honório estava confiante e, desta vez, saberia aproveitar a oportunidade que lhe estava sendo oferecida.

* * *

— Sabe, Nanda, eu tenho muito o que agradecê a Deus! Vim para capitar com uma mão na frente e outra atrais, buscando uma coisa incerta e...
— São os mistérios de Deus, Zé.
— E bota mistério. Vim por causa duma coisa que achava que era amor pra encontrá o verdadeiro amor, ara!
— Ô, Zé...
— E é um amor bem temperado... O cheiro da jantinha tá demais! Ocê me laçô foi pela barriga!

José e Fernanda mantinham-se sempre felizes, apesar das dificuldades do dia-a-dia. Faltava pouco para o casamento e ambos se amavam e se respeitavam, acima de tudo.

— Zé, eu tava olhando a casa. Assim que nos casarmos, que acha de quebrar um pedaço do quintal da entrada, que é puro cimento, e fazer um pequeno jardim? Assim podemos cuidar dele juntinhos...
— Legal, Nanda. Tenho um dinheiro pra investir aqui em casa. Tem muita coisa que a gente pode fazê! Deixá a casa ajeitadinha.
— Nós seremos muito felizes, Zé.
— Ara, se vai!

Os dois estavam no quintal, conversando detalhes do futuro jardim, quando bateram ao portão. Fernanda foi atender:
— Sim? Perguntou Fernanda.
— É... aqui que mora o José?

Fernanda, de súbito, foi tomada de uma horrível sensação de incômodo. Não sabia o porquê da certeza, mas, antes de perguntar, podia jurar que aquela era a tal Madalena: a causa de seu futuro marido ter largado tudo em sua terra natal e ter vindo para São Paulo. Fernanda, atônita, analisava a pessoa à sua frente. Bonita, bem vestida... sentiu um nó na garganta.

— Quem... Quem gostaria?
José, percebendo que Fernanda não voltava nem chamava por ele, resolveu ir até o portão, quando avistou, depois de tempos de espera, Madalena.
— Ara, cruiz! Madalena!
— José — disse Madalena, não conseguindo conter a emoção e ficando com olhos marejados de lágrimas.
Fernanda, totalmente quieta e imóvel, apenas observava.
— Desculpe incomodá-los — disse Madalena, deixando escorrer uma lágrima. — Posso entrar?
— Mas é craro, Madalena, entra. Discurpa não tê convidado, mas é que eu tô surpreso de vê ocê aqui. Como ocê me achô?
Fernanda direcionou-os até a sala, onde puderam sentar-se. Ela observava cada movimento e reação do noivo por Madalena. Levantou-se e foi até a cozinha, de onde voltou com alguns refrescos.
— E... e aí, Madalena, o que traiz ocê aqui? — indagou José.
— Eu estive no sítio, visitei sua mãe. Ela me disse que você havia mudado para cá.
— É... Mudei, ara. Essa aqui, Madalena — e abraçando Fernanda — é minha noiva, vamos nos casar na semana que vem. Entre nóis num tem segredo. Ela sabe por que vim pra São Paulo, que foi por tua causa. Pastei muito aqui, Madalena, mais foi a mió coisa da minha vida. Pude descobri que ocê tinha razão quando disse que éramos somente irmãos. Antes mesmo de conhecê a Nanda, entendi isso. Mas fui teimoso que nem eu só. Mas nunca tive tempo de procurá oce. Imagina a doidera, eu correndo São Paulo atrais de arguém. Mas as coisa mudaro. Comprei essa casa, vô casá...
Fernanda observava atentamente Madalena. Analisava cada detalhe daquele rosto. Sofrido, com olheiras, os olhos vermelhos de vontade de encontrar um ombro, abraçar sinceramente alguém e chorar, chorar...
Pôde perceber, como somente um cristão consegue, que atrás de toda aquela beleza estava um poço de sofrimento e amargura, que necessitava urgentemente de ajuda. E Fernanda sentia-se amada por José, por isso, tratou de afastar qualquer pensamento que pudesse vir a atrapalhar sua vida, que estava caminhando perfeita-

mente, e resolveu, sentindo que Madalena necessitava de ajuda, fazer algo por ela.
— E você Madalena, mora aqui perto? — perguntou Fernanda.
— Não, bom... mais ou menos.
— Por que veio visitar-nos hoje?
— Eu... É ridículo. Eu só precisava de alguém para conversar. Deixa pra lá.
— Madalena — disse Fernanda aproximando-se mais da garota — venha jantar conosco amanhã. Depois temos um programa para a noite e você poderá ir com a gente.
— É, Madalena, ara. Vem amanhã, fique aqui. Te garanto uma coisa: a comida dela é batuta!
— Obrigada pelo convite. Mas não posso aceitar. Não quero atrapalhar vocês, que têm planos e tudo mais. Devem estar achando estranho, pois, de repente, aparece um fantasma do passado... Desculpem-me, vou embora.
— Madalena, sente-se — disse firmemente Fernanda. — Sinto que está com problemas, pode vir quando quiser, as portas estão abertas. Eu fiz sinceramente o convite e desejo mesmo que venha.
— Sério?
— Claro.
— Está certo. Eu virei. Agora vou mesmo embora, quero descansar um pouco.
— Ocê vem mesmo, hein! — disse José.
— Virei, sim. Até amanhã.
Madalena levantou-se e saiu. José teve certeza de que não mais a amava. Viu apenas uma irmã perdida, que pedia urgentemente um pouco de carinho sincero e amigo.
Fernanda e José se beijaram e nada comentaram sobre o assunto, apenas alguns detalhes do jantar.
José queria tecer, sim, alguns comentários, mas sentiu receio de não ser compreendido por Fernanda.
Estavam na sala, vendo TV, já era noite, quando bateram ao portão novamente.
— Deixa que eu vô vê — disse José.
José despreocupadamente abriu o portão e qual não foi sua surpresa ao ver Matheus, parado diante de sua casa.
— Ara, mais surpresa hoje. O que ocê tá fazendo aqui?

— Desculpe, José, aparecer assim sem avisar. Foi sua mãe que me deu o endereço.
— Minha mãe? Onde ocê viu minha mãe?
— Posso entrar, José? Eu explico tudo com mais calma.
— Entra. Vamo na sala.
Matheus e José entraram e sentaram-se.
— Nanda, esse é Matheus. Ele é um... conhecido meu.
— Muito prazer, Matheus.
— Essa é a Fernanda, minha noiva.
— Sua noiva?
— Sim. Mas o que ocê tá fazendo aqui?
— É uma longa história, José. Antes, quero que me desculpe se por algum momento fui arrogante com você, no passado...
— Ocê disse bem, Matheus. Passado! Tá tudo passado, esquecido. Mas ocê não veio aqui só pra isso.
— Não, é verdade. Estou procurando por Madalena.
— Procurando? Ela veio cocê pra São Paulo, não foi?
— Sim. Estávamos trabalhando juntos, tínhamos planos, íamos até nos casar... — e Matheus não conseguia mais conter o pranto.
Fernanda buscou um pouco de água.
— Ara, Nossa Senhora. Acho que o negócio é sério. Ocê chorando? Mas, o que aconteceu?
— José, eu a amo. Sei que ela também me ama. Fizemos muita coisa errada. Eu a magoei, ela me magoou também. Devemos nos desculpar. Já fui no sítio, na casa da sua mãe, na casa dela, em todo lado e eu não a encontro. Não sei mais o que fazer.
— Eu quero que ocê olhe aqui nos meus zóio.
— Estou olhando. — respondeu Matheus.
— Ela é como uma irmã. Ocê ama mesmo ela? Não quero vê-la sofrer.
— José, eu não tenho ninguém. Somente enquanto estive com ela conheci um pouco de paz e felicidade. Eu a amo, amo mais Madalena que a mim mesmo.
— Ela veio aqui hoje — disse José.
— Aqui? A que horas? Pra... pra onde ela foi?
— Ela veio aqui e estava muito abatida, como se não dormisse há séculos — completou Fernanda.
— Meu Deus, eu preciso vê-la. Preciso dizer o quanto estou arrependido pelo que fiz.

— Óia, Matheus, eu nem sei onde ela mora. Num sei nada da vida dela aqui em São Paulo. Se ocê me promête que vai respeitá ela e mantê a calma, mesmo que ela te xingue e tudo, posso te ajudá.
— Claro. Eu nunca seria capaz de gritar ou ofendê-la. Nunca fiz isso. Mas ajudar como?
— Amanhã à noite ela vem jantar aqui e depois a gente combinou de sair. Se ocê quisé, encontra ela aqui amanhã.
— Sério? Obrigado, José — e, instintivamente, abraçou José, que, um pouco assustado, retribuiu. — Obrigado, meu amigo!
— Ocê vem, então?
— Sim, podem me aguardar. José, eu nunca esquecerei isso.
— Acho que oceis se merece.
Matheus saiu, feliz, pois encontraria Madalena no dia seguinte. Mas, antes, passou no apartamento dela. Quem sabe ela estivesse por lá. Nada, nem sinal. Resolveu ir embora, descansar, para estar recomposto no dia seguinte e reencontrar Madalena.
Ao chegar na garagem do apartamento, qual não foi sua surpresa ao encontrar Rodrigo, que o estava esperando.
— Quem é vivo volta pra casa. Finalmente, hein?
— O que faz aqui?
— Preciso falar com você. Podemos subir e tomar alguma coisa?
— Venha.
Entraram no apartamento de Matheus, onde se serviram de uma bebida e sentaram na sacada para conversar.
— O que quer, Rodrigo?
— Eu estive pensando em tudo que aconteceu e pensei que podíamos tirar uma vantagem disso tudo.
— Como?
— Claro, Matheus — e começou a falar, entusiasmado — Madalena não serve para ninguém. Já concordamos nisso. Não pensou duas vezes antes de trair você, esqueça o detalhe de que foi comigo. Pode ter certeza de que faria de novo. Vamos bolar uma edição especial da revista com esta história. Crie um personagem com os traços de Madalena e coloque detalhes que só você conhece. Eu ajudo com os que eu conheço. Será um estouro em vendas.
Matheus ouviu tudo em silêncio. Estava calmo, não queria brigar. Após pensar um pouco, levantou-se:
— Vá embora daqui, Rodrigo.
— O quê?

— Saia agora da minha casa. E amanhã arrume suas coisas e saia da Revista. Acerto tudo com você em seguida.
— O que está falando? Ainda protege aquela sem-vergonha?
— Acho bom você calar a boca. Saia agora, em silêncio. E amanhã não quero vê-lo na Revista.
— Você está fazendo a coisa errada.
— Isso é problema meu. Vá, saia.
— Isso não ficará assim, esteja certo.
Rodrigo, sentindo-se humilhado, foi embora. Matheus, após a saída do amigo, trancou-se no quarto e, escutando uma música suave, adormeceu.

* * *

Madalena estava deitada na cama, pronta para dormir, mas não conseguia conciliar o sono.
Fizera bem em sair do apartamento por alguns dias e ficar naquele hotel. Confortável e livre de amolações.
Precisava decidir o que fazer. Algo que lhe fizesse bem, lhe desse prazer.
Algo diferente, que considerasse correto. Não conseguiria olhar novamente para Matheus; não pelo que ele tinha feito. Tinha vergonha de si mesma, por ter sido tão fraca.
Mas as coisas pareciam estar melhorando. Havia reencontrado José. E, quem diria, ia se casar.
Não podia negar que sentiu certo ciúme no começo, mas, depois, sentiu extrema simpatia por Fernanda e desejava que fossem felizes.
O jantar amanhã e depois um compromisso? José disse algo sobre onde iriam. O que era mesmo? Ah, um Centro Espírita. Talvez um pouco de oração lhe fizesse bem.
Já tinha escutado alguma coisa, que eram locais bons, de oração, diferentes do que muita gente imaginava. Ela, que nunca havia se interessado por religião nenhuma, quem sabe não fizesse bem freqüentar algum lugar?
E, em meio a esses pensamentos, adormeceu.
Havia adormecido com alguma paz de espírito e, de repente, viu-se no sítio, na beira do rio, onde costumava brincar e nadar.
Ao andar pela beira do rio, começou a ter algumas lembranças, inclusive de sua mãe.

Olhou em volta, não estava assustada, sentia-se bem. Continuou caminhando e pôde avistar a mãe, ao longe. Estava um pouco diferente da lembrança que tinha dela. Mais jovem, mais bonita. Continuou caminhando, sem medo, até se aproximar dela.
— Minha filha...
— Mãe.
— É tão bom vê-la novamente. Posso... abraçá-la?
E, durante algum tempo, permaneceram abraçadas. Uma sensação estranha invadira-lhe a alma. Nunca havia tido contato com a mãe por que essa alegria de repente, ao encontrá-la, por que sentia essa sensação de conforto? Estava se sentindo bem ali, ao lado daquela que era sua mãe, mas, ao mesmo tempo, uma estranha.
— Filha, como estou feliz que Deus tenha permitido esse encontro.
— Onde estamos? Pensei de início ser o sítio, mas, olhando bem, tudo está diferente.
— É um local de muita paz, minha filha. Sei que muitas perguntas devem estar passando pela sua mente. Aqui, filha, é o mesmo lugar onde se encontra seu pai.
— Meu... meu pai está aqui?
— Aqui, exatamente, não. Mas ainda terá oportunidade de encontrá-lo.
— Leve-me até ele, agora.
— Calma, minha filha. Tudo tem sua hora certa.
— Mas ele morreu. E se você também está aqui...
— Sim, filha. Meu corpo também morreu. Depois daquela última vez que a vi e que guardo na lembrança até hoje, sofri um terrível acidente. Mas, como vê, apenas o corpo falece.
— Por que nunca viveu conosco? Papai não gostava de falar.
— Seu pai, minha filha, é um homem muito bom. Quando namorávamos, descobri que estava grávida, fiquei revoltada. Era muito jovem e achei que perderia toda minha vida e...
— Você não quis que eu nascesse...
— Hoje, minha filha, eu enxergo tudo diferente. Na época, quis abortar, seu pai não deixou; depois que nasceu quis doá-la, ele também não deixou. Disse que iria criá-la, bem longe de mim. E assim o fez. E eu, fui para a "vida". Viajei muito, fiz muita besteira, mas, o

remorso de não estar com você corroía-me. Resolvi voltar e, se seu pai me aceitasse, viveríamos juntos novamente. Então, voltei. Seu pai, um pouco friamente, recebeu-me. Naquele dia, que ele me apresentou como sua mãe, já estava certo que viveríamos juntos novamente. Há algum tempo estávamos nos encontrando para nos acertar. Mas eu ainda estava entorpecida pelos prazeres do mundo. E joguei fora novamente a oportunidade de ser feliz ao seu lado e ao lado de seu pai.
— Por quê? Como?
— A vida que seu pai levava era aquela que você conhecia, no sítio, cuidando de animais e plantações. Propus que ele vendesse o sítio e fôssemos para uma cidade, mas ele não quis. Pedi, então, que fizéssemos uma viagem, que deixasse você algum tempo com sua avó. Ele ficou furioso quando mencionei isso. Você era e ainda é o bem mais precioso para ele. Acabamos brigando e fui embora novamente. Logo depois, sofri o acidente.

Madalena chorava copiosamente. Que saudades do pai! Olhava para a mãe, não conseguia odiá-la. Sabia que aquela mulher esperava seu perdão. Devia, sim, perdoá-la. Por que não? Ela, sendo tão nova, já não tinha errado tanto também? Talvez até mais? E Madalena, subitamente, abraçou a mãe, e ambas, comovidas, choraram.

— Mas, por que veio me contar tudo isso?
— Estou velando por você, minha filha. Quero lhe dizer para perdoar sempre e andar no caminho correto, para não se arrepender muito depois. Você tem ainda muita vida pela frente, tente aproveitar de uma forma sadia, vivendo e trilhando o caminho do bem.

Madalena apenas ouvia. Sabia sobre o que a mãe estava falando.

— Preciso ir agora. Se Deus permitir, encontrar-nos-emos de novo.

Despediram-se. Após alguns minutos, Madalena estava sozinha novamente.

Abriu os olhos, olhou no relógio: 7h30. Decidiu levantar.

Acordara bem, feliz e disposta. Havia sonhado com algo, com a mãe, com o pai. Não se lembrava direito. Sentiu saudades de ambos, em especial do pai.

Estava confiante, sabia que as coisas começariam a se resolver se agisse corretamente.

Foi para o banho e depois, talvez, passeasse um pouco, até a hora de ir para a casa de José.
Pensou em ir ao *shopping*, distrair-se, ir ao cinema. Estava calma, sentindo um agradável estado de paz. Fez algumas compras, andou mais um pouco e decidiu ir embora, pois até a casa de José o caminho era um pouco longo.
Pensava, pensava muito. Visitaria José e Fernanda, passaria alguns momentos agradáveis e depois? O que seria da sua vida? Sentia-se na mesma situação de quando o pai falecera, sem ninguém para compartilhar sua solidão, os momentos difíceis. Não tinha um amigo! Claro, José, mas este tinha agora sua vida. Sentiu raiva de Matheus. Por que ele tinha que fazer aquilo? Mesmo que ela não tivesse feito o que fez, ele a traíra.
Estava se aproximando da casa de José. Precisava mostrar que estava pelo menos um pouco melhor que no dia anterior. Bateu ao portão.
— Entre, Madalena.
— Obrigada, Fernanda.
— Antes de entrarmos, eu queria lhe dizer uma coisa...
— O que foi?
Madalena já estava se adaptando a receber más notícias, por isso, se Fernanda a mandasse embora, dizendo que não a queria perto de José, ela entenderia. Era o que passou pela sua cabeça.
— Não é nada demais. É que temos outros convidados.
— Não, tudo bem. É bom que conheça outras pessoas.
Fernanda calou-se. Sabia que quem estava na sala era muito conhecido dela.
Ao entrar, Matheus estava de pé, com flores na mão, numa cena típica de filme.
Madalena olhou para Matheus, olhou para José e para Fernanda, que estavam quietos, num canto da sala.
Encarou Matheus novamente.
— O que você está fazendo aqui? Como descobriu onde José morava?
— Madalena, escute-me. Há dias estou lhe procurando em vão. Até agora, não sei se percebeu, não conversamos. Fui várias vezes ao seu apartamento, em vão. Fui ao sítio, à casa da mãe de José. Ela é que me deu o endereço. Eu amo você, Madalena. Vamos nos perdoar e...

— Matheus, Matheus! Vamos acabar com isso. Só nos prejudicamos, não percebeu?
— Vamos conversar lá fora.
Prosseguiram a conversa no quintal.
— O que eu fiz, Matheus, não tem perdão.
— Eu a perdôo, Madalena. Você fez o que fez num momento de raiva. As fotos que o Rodrigo me deu, eu as piquei e...
— Ele... Ele lhe deu as fotos? Ele disse que ia revelar e trazer-me, pois estava tentando convencer-me a posar para uma revista para provocar você. Ele tirou as fotos enquanto eu dormia e...
— Mentira! Ele só queria provar que estava saindo com você.
E como foi que você descobriu o apartamento em que eu estava com aquela moça?
— Foi ele, o Rodrigo! Ele veio me procurar e disse que você estava me traindo, que não me merecia.
— Ele... ele programou tudo. Desgraçado, eu acabo com ele... traidor! Ele é que programou meu encontro com aquela mulher para que você descobrisse!
— Calma, Matheus. Já entendemos. Foi tudo armação dele, premeditado. Fomos ambos enganados, vamos esquecer que ele existe. O que ele queria ele conseguiu, deixa pra lá. Mas você vai mesmo conseguir esquecer que passei aquela noite com ele?
— E você, vai conseguir esquecer o que eu fiz?
Não houve resposta. Não era necessária. Ambos se queriam, se amavam, decidiram parar de se magoar. Beijaram-se.
Fernanda apareceu no quintal, chamando-os para entrar. Matheus e José estavam na sala, conversando, juntamente com Madalena e Fernanda.
— Então, Matheus — perguntou José — trabaia com quê?
— Sou desenhista, publicávamos uma revista.
— Publicávamos? — indagou Madalena.
— Sim. Vou fechá-la. Ou quem sabe mude o estilo. Desenho animado, talvez. Algo instrutivo. Só que estou com um problema sério.
— Que problema? — perguntou Madalena.
— Não estou mais conseguindo desenhar. Nada, nem rabiscar.
— Ora, Matheus, é a tensão, o nervoso que temos passado.
— Espero que sim! Tomara!

A conversa prosseguiu, com todos contando seus anseios, medos, expectativas com relação à vida.

José expôs as dificuldades que encontrou quando chegou em São Paulo, como as superou, conseguindo levar uma vida estável, voltando até a estudar.

Matheus e Madalena estavam admirados, pois José não tivera o apoio de ninguém e lutando, com fé em Deus, foi conseguindo estabilizar-se.

* * *

Rodrigo estava revoltado! O seu amigo, seu melhor amigo mandara-o sair de sua casa, expulsara-o da Revista que ele ajudara construir e, ainda por cima, iria perdoar aquela safada! Mas não ficaria assim.

Não deixaria que ele e Madalena usufruíssem os frutos do seu trabalho.

Voltou ao prédio da Revista, no final da noite, com galões de querosene e foi até o último andar. Acabaria com tudo, tudo! Depois, mataria um por um. Quem sabe depois poderia escrever um livro, contando tudo...

Espalhou querosene por toda extensão do andar e continuou a espalhar pelos andares abaixo.

Ao chegar no primeiro andar, deu-se por satisfeito com a quantidade de querosene e ateou fogo, que rapidamente espalhou-se por todos os compartimentos graças à alta concentração de materiais combustíveis que havia no prédio. Papel, móveis de madeira, eletricidade.

Rodrigo somente olhava e ria, ria. Precisava sair logo, antes que o fogo tomasse conta de tudo. Correu para a porta de emergência, mas o corredor de acesso que ligava a saída de emergência ao primeiro andar já havia sido tomado pelo fogo.

Desceu pelas escadas ao térreo, assustado com a velocidade com que o fogo se espalhara. A fumaça já era muita...

Escorregou na saída da garagem e caiu inconsciente no chão. O fogo, que não perdoa, alastrou-se por tudo, consumindo todo o prédio.

Os bombeiros, ao chegarem, nada podiam fazer, a não ser controlar as chamas que ainda eram intensas.

Rodrigo sofrera muito, pois, quando o fogo atingira-lhe o corpo, despertou da inconsciência e agonizou cada segundo, até o desenlace.

Seu desprendimento fora doloroso e Rodrigo, meio zonzo, foi encaminhado a uma das muitas moradas do Pai: o umbral, até que retomasse sua consciência plena e enxergasse o quanto havia desperdiçado oportunidades. Quando despertasse e sentisse a necessidade de melhora, Deus ofertar-lhe-ia uma nova existência, repleta de privações e provas necessárias para o seu total refazimento.

Após o jantar, Madalena, Matheus, José e Fernanda aprontaram-se para ir ao Centro.

Matheus estava nervoso, uma estranha sensação de ansiedade percorria-lhe o corpo.

Madalena estava tranqüila. Sabia mais ou menos do que se tratava e sabia que apenas lhe faria bem.

Foram caminhando, pois o Centro ficava nas proximidades da casa de José.

Ao chegarem, tomaram seus lugares. Matheus estranhou o local, sem luxo, enfeites ou ostentação.

— É tudo simples aqui, não? — indagou Matheus.

— Sim. Para encontrarmos a paz de espírito não necessitamos de apoio material. Tudo está dentro de nós. O preceito básico do espiritismo é a "reforma íntima".

— Como assim?

— A reforma íntima — dizia empolgada Fernanda — consiste em melhorarmo-nos a cada instante, em estarmos sempre procurando trocar um vício por uma virtude. E, se errarmos novamente, estarmos prontos a recomeçar, sem nunca desistir de mudar.

Todos estavam sentados, os dirigentes tomaram seus lugares à mesa e iniciaram o trabalho com a prece de abertura.

Matheus sentia-se estranho, com uma leveza que nunca havia sentido. Antes, nervoso; agora, em estado pleno de paz. Não sentia vergonha de chorar e chorou novamente. Tomava apenas o cuidado de não fazer escândalo...

Após o término da oração, o palestrante tomou seu lugar.

— Hoje, antes de iniciarmos os trabalhos, gostaria de fazer um convite a todos. Estaremos realizando todas as sextas-feiras à noite o estudo do *Livro dos Médiuns*. Eu já tinha dito ontem, mas, como vejo rostos novos na platéia, achei interessante reforçar o convite.

— Formaremos grupos, para quem estiver interessado em conhecer e desenvolver uma possível mediunidade.

Matheus pouco havia entendido. Por isso, virou-se para Fernanda e perguntou:

— De que se trata isso?
— O *Livro dos Médiuns* é uma das obras codificadas por Allan Kardec. Trata, como o título diz, da mediunidade, da comunicação com os espíritos, suas diversas formas. Você já estudou alguma obra?
— Não, nunca. Mas mediunidade qualquer um tem?
— Por quê?
— É que aconteceu uma coisa estranha comigo. Nunca, mas nunca antes havia desenhado, de repente, virei um perfeito artista, tanto que minha revista é um sucesso. E, de repente, novamente, não faço mais nem rabisco.
— Interessante. Inicie o curso básico, estude antes o *Evangelho*, depois o *Livro dos Espíritos*, para ter uma base do espiritismo. Posso lhe emprestar alguns romances que nos esclarecem muito.

Madalena segurou a mão de Matheus. Matheus estava extremamente sensibilizado, não imaginava que amigos invisíveis estavam ao seu lado, orando e incentivando-o a começar os estudos.

Madalena disse que, se ele quisesse, iria com ele.

Os trabalhos terminaram e foram à Sala de Passes. Todos saíram muito bem, cada um com um pouco menos de peso na consciência e novas expectativas.

Decidiram passar numa sorveteria para conversar e se distrair um pouco.

— Gostou, Matheus? — indagou Fernanda.
— Muito. Estou sentindo que vou achar resposta para muita coisa ali dentro. Sensações muito boas invadiram-me. Deve ter notado que chorei duas vezes.
— Ocê tá ficando mole, hein? — brincou José.
— Acho que sim. Mas é bom, devemos ser sensíveis. Começarei o Curso Básico, vou conhecer essa doutrina.
— Você vai adorar — disse Fernanda. — E, aliás, quero fazer um convite a vocês.
— Que convite? — perguntou Madalena.
— Aceitam ser padrinhos do nosso casamento?
— Sério? — perguntou Matheus.
— Ara, é craro. Madalena é praticamente minha irmã. E ocê... parece que gosta dela.

Ficaram ainda algum tempo conversando, depois se despediram. Matheus e Madalena foram, juntos, para a casa de Matheus.

— Desculpe, Madalena, tocar nesse assunto novamente, mas eu preciso ter certeza de que já está tudo bem entre nós novamente.
— Claro, Matheus. Você errou, mas eu errei em dobro. Se não apagarmos isso de nossas memórias, será difícil recomeçar.
— É verdade. Que tal se freqüentássemos aquele Centro, convivêssemos mais com o José e a Fernanda? Mudar nossas vidas...
— É ótimo. Senti uma paz muito grande na casa do Zé. E quanto ao Rodrigo?
— Esqueça. Vamos tirá-lo completamente de nossas vidas.
Estavam na sala quando o telefone tocou.
Era do Corpo de Bombeiros, avisando sobre o incêndio. Após o espanto inicial, arrumaram-se e foram para a Revista.
Matheus ficou chocado com a violência das chamas. Tudo estava praticamente destruído.
— Veja, Madalena. Tudo perdido...
— Acalme-se, Matheus. Íamos mesmo fechar, e os prejuízos o seguro cobre.
— Sim. Nem sei se estou triste. De nada adiantaria continuar na Revista. Não desenho mais.
— Eu disse que devem ser os problemas que enfrentamos e ainda vamos enfrentar. Mude o estilo da revista, os tipos de desenho, como havia dito.
— Sabe quando eu comecei a desenhar?
— Quando?
— Quando a conheci. Antes, nunca havia desenhado nada. Absolutamente nada. Meu primeiro desenho foi aquele retrato seu.
— Sério?
— É. De repente, do mesmo modo que esse talento veio, foi embora. Deus deve ter tirado de mim. Só desenhava bobagens. Desperdicei a oportunidade.
Ficaram em silêncio. Um policial veio em direção a ambos:
— Havia alguém trabalhando nesta noite?
— Não, senhor.
— Estranho. Foi encontrado um corpo entre os escombros.
— Um corpo? — indagou Madalena.
— Sim, mas no momento é impossível identificar. As condições são péssimas.
Matheus e Madalena olharam-se. Quem estaria naquele prédio? Todos já deviam ter ido embora.

Ficaram mais um pouco no local para que fossem tomadas as medidas legais. Cansados, resolveram ir para casa. Não acreditavam ainda no que haviam visto. Tudo destruído e havia uma vítima.
— Faremos o quê da vida, Madalena?
— Eu vou estudar.
— Eu pretendo, também. Mas devemos trabalhar em alguma coisa.
— Vamos resolver isso depois. Temos muita coisa para fazer. Se não vamos mais editar a revista, vendemos os direitos e...
— Não! Esse trabalho não será passado adiante. Ela deixará de existir. Só trouxe desgraças. E, quem sabe, não foi coisa do destino que preferiu acabar com tudo. Foi um sinal.
— Está religioso, hein, meu amor?
— Um pouco. Mas pretendo ficar mais depois que começar a estudar.
— Mas não devemos colocar a culpa de tudo em Deus. Somos nós os responsáveis por nossas mazelas.
— Eu sei. Mas, pelo pouco que sei, Deus envia sinais. Devemos estar sempre atentos.
No dia seguinte, foram chamados na Delegacia. Havia sido identificado o corpo. Era Rodrigo. Mas o que ele estava fazendo lá?
Instintivamente Madalena fez uma oração por Rodrigo.
Após tomarem as medidas que eram necessárias e se refazerem de todos os sustos, decidiram passar a semana que faltava até o casamento no sítio.
Estavam conscientes do estado precário do local e aproveitariam para fazer alguns reparos, contratar alguns trabalhadores e transformar o sítio num lugar de lazer.
Madalena ficou muito feliz, pois sempre adorou o sítio e vê-lo em boas condições novamente era um sonho.
A semana lá transcorreu tranquila, muito se divertiram e aproveitaram. Sentiam-se bem perto um do outro, entendiam-se.
Mas o tempo passou e tinham de voltar, pois compromissos os aguardavam em São Paulo.

Capítulo XV

Novas Obras

Madalena estava emocionada. Um misto de alegria e tristeza tomara conta de si. Pensou no quanto as pessoas se enganam com seus sentimentos.

José que, um dia, dissera amá-la, iria, agora, casar-se com outra. Uma boa moça, que estava linda, encantadora e, naquele momento, entrava na igreja.

Percebeu que José estava ansioso na frente do altar, esperando a chegada da noiva.

Esperava que fossem felizes.

Pessoas ainda não esclarecidas com as verdades do Evangelho podem habilmente usar dessa capacidade de persuasão e facilidade de comunicação para enganar e iludir as pessoas, usar da fragilidade emocional a que todos estão sujeitos.

Não analisam o quanto se prejudicam no presente e no futuro e não imaginam que, um dia, serão chamadas para corrigir os erros que cometeram. E pode ser tão doloroso...

José recebeu Fernanda no altar. Ele estava radiante, bonito.

Matheus observava tudo sorridente e feliz. Feliz porque descobrira o quanto é melhor ser bom a ser ruim.

Havia descoberto o quanto tinha errado em relação a José e que, das pessoas que menos esperamos, pode surgir a cura para nossas enfermidades; um ombro num momento difícil.

Matheus e Madalena estavam lado a lado na igreja e juntos, inconscientemente, desejavam boas vibrações de paz ao casal que acabara de se unir.

* * *

Um ano havia se passado. A vida de Matheus em muito se modificara.

Depois do incêndio do prédio, desistiu definitivamente da revista, pois, por mais que tentasse, não conseguia desenhar. Orava, tentava desenhos inocentes, de crianças brincando, uma família, mas nada dava certo.

Havia chegado à conclusão de que o talento não era seu. Madalena prosseguia seus estudos na Faculdade e, junto com Matheus, abriram um pequeno escritório de consultoria em informática, que lhes proporcionava alguns ganhos.

Iam assiduamente ao Centro com José e Fernanda. Os quatro haviam se tornado grandes amigos, tinham chegado a uma conclusão comum: a maioria dos deslizes que cometemos é resultado da nossa falta de oração e vigilância.

Naquele dia, Matheus estava na sala, aguardando que Madalena acabasse de se aprontar para irem ao Centro. Em termos de disciplina, Matheus era muito mais rigoroso que Madalena. Havia abraçado a doutrina com muito mais amor e vontade e por nada perdia uma sessão no Centro. Por mais que Madalena insistisse em fazer outra coisa, ele permanecia firme em sua decisão.

Após encontrarem José e Fernanda, foram ao Centro, aonde sempre chegavam mais cedo.

Matheus havia descoberto no Espiritismo um vasto campo de estudo. Era ilimitado o campo de atuação: o comportamento humano, as relações físicas, históricas e geográficas, relação psicológica, religiosa. Estava encantado.

Seu esforço havia sido reconhecido. Os dirigentes da casa o convidaram para fazer parte da mesa de trabalho. Ele ficou emocionado e, como já havia virado costume, chorou.

Naquela noite, ele faria a prece inicial. Todos os presentes puderam notar sua voz embargada de emoção.

Leram trechos do Evangelho e o orador, na linguagem mais simples possível, ia esclarecendo os presentes.

Naquela noite, Matheus estava se sentindo diferente. Uma enorme sensação de paz o dominava.

Sentia-se como se uma corrente de ar corresse por dentro de seu corpo.

Mentalizando Jesus, agradecia aqueles momentos de paz nunca antes experimentados.

Descreveu ao dirigente o que estava sentindo e a enorme vontade de desenhar que estava lhe envolvendo.

Foram-lhe providenciados papel e lápis e, aos poucos, formas foram surgindo e Madalena, apenas assistindo, espantou-se, pois há muito Matheus não mais desenhava.

Um campo fora desenhado, com pequeninas flores, onde um senhor e um jovem estavam juntos, olhando, ao longe, a figura do Mestre Nazareno.

Abaixo, no final do desenho, uma assinatura: Honório.

Finalizaram seus trabalhos com uma prece de encerramento.

Matheus relatou ao dirigente todas as sensações que tivera, os desenhos que publicara no passado, o modo como começara e também desaparecera.

Finalmente, identificaram Matheus como sendo possuidor de uma incrível mediunidade que, antes, deixara-se envolver com baixas vibrações e companhias pouco esclarecidas, devido ao ritmo de vida que levava.

Os quatro, ao final dos trabalhos, foram embora, sentindo que a necessidade do trabalho espiritual era constante e que só assim encontrariam paz.

* * *

Reuniram-se na casa de José para tomar um café. Sentaram-se à mesa, em silêncio. Palavras não eram necessárias. Haviam encontrado o que procuravam. Cada um seguindo uma trilha, mas com apenas um objetivo: paz.

Honório e Augusto caminhavam pela colônia, após todas as tarefas do dia realizadas. Honório estava feliz por ter novamente voltado a pintar, mas algumas dúvidas ainda o deixavam inquieto.

— Augusto, estou realmente muito feliz por voltar a desenhar, mas, há uma coisa que sinto que devo fazer.

— O que é, meu filho?

— Nas nossas visitas àquelas regiões de sofrimento, deparei-me com Pedro e, logo depois, com Rodrigo. Tentei inutilmente me aproximar, mas não me escutam. Estão em angustiantes padecimentos e eu, que participei erroneamente daqueles trabalhos, nada posso fazer por eles?

— Escute, filho. No momento, pode apenas orar, como já tem feito, pedir ao Pai que olhe por eles, que faça com que enxerguem, como você enxergou, o quanto erraram e quantas oportunidades es-

tão deixando passar, persistindo em permanecer naquele estado. E para que deixem, como você deixou, que sejam ajudados.
— Sim. É necessário primeiro que eles se deixem ajudar.
— Exatamente. Nós apenas podemos doar alguma coisa a alguém que queira receber.

Após caminharem mais alguns trechos, sentaram em um agradável banco, num local de extrema harmonia.

— Sabe, Augusto, foi muito prazeroso voltar a desenhar. Senti como se eu estivesse completando a obra que iniciei na Terra.
— É um complemento. Muito terá de desenhar para a harmonia dos olhos humanos para substituir os outros desenhos. A vida material e a espiritual são um ciclo, no qual os fatos vão se encaixando.

— Eu me lembro que uma vez, quando ainda estava na escuridão, ao lado de Matheus, disse que assinaria novamente minhas telas. Mas Deus é extremamente sábio e sabia que eu voltaria a fazê-lo, só que tinha o momento certo, que seria um trabalho que transmitisse paz para quem o admirasse.

— Realmente, Honório. Nada acontece sem que o Pai queira. Às vezes, precipitamo-nos, tentando acelerar um acontecimento, mas nada é mais gratificante que o trabalho certo, na hora certa, pois somente assim os frutos são doces, podendo ser apreciados por todos.

Fim.

Leitura Recomendada

ENFIM JUNTOS
O Amor pode Atravessar Séculos...
Adreie Bakri

Acreditem ou não em reencarnação, todas as pessoas sonham em um dia encontrar sua alma gêmea e dividir com ela todos os momentos de sua vida, ou de suas vidas. Enfim Juntos relata a história de amor de Mário e Ana que, apesar de se amarem profundamente, passaram, vidas após vidas, resgatando erros para, enfim, poder viver o grande amor.

HISTÓRIA DE UM SONHO
Jorge Brito — Coordenação: Eduardo Carvalho Monteiro

História de Um Sonho, escrito por um dos vultos mais expressivos do espiritismo em terras brasileiras, o dr. Bezerra de Menezes, quando ainda em vida, é um envolvente relato espírita que mostra a atuação da justiça divina no processo evolutivo da humanidade.

NADA OCORRE POR ACASO
Obra Mediúnica do Grupo Espiritual Eterno Alento — Médium: Áurea Luz

Nada Ocorre por Acaso é um romance encantador que sintetiza a "passagem" numa ocorrência natural de nossa evolução, incapaz de separar almas afins. Você vai se emocionar com essa história!

ALMAS ETERNAS
Valéria Lopes - Inspirado pelo Espírito Andorra

Almas Eternas é a seqüência da história de Entre o Amor e o Ódio - A Saga Romântica de Dois Espíritos Apaixonados, lançado pela Madras Editora, e certamente despertará a mesma atenção do leitor tendo em vista o seu conteúdo rico em lições que mostram que, somente pelo conhecimento profundo da espiritualidade, podemos entender as adversidades existentes em nossas vidas e superá-las com resignação, vencendo o ódio com amor para que, um dia, as almas que se amam se unam na eternidade...

Leitura Recomendada

Tudo Virá a seu Tempo
Elcio Abraça os Hansenianos
Eduardo Carvalho Monteiro

Nem mesmo a morte separa aqueles que se amam. Com mensagens inéditas psicografadas por Chico Xavier, Tudo Virá ao seu Tempo mostra que a crença na existência da vida após a morte física pode ser o alento para quem vive a experiência dolorosa da perda de um filho, prematuramente, como é o caso da família Tumenas.

Chico Xavier
e Isabel, A Rainha Santa de Portugal
Eduardo Carvalho Monteiro

Chico Xavier e Isabel são espíritos afins, porque vivem um mesmo ideal. Suas vidas assemelhadas no amor à humanidade derrubam o tempo ordinário e o espaço insignificante, desprezando os rótulos religiosos para se atraírem na eternidade e servirem de exemplo a todos nós, espíritos peregrinos em busca de luz!

Mensagens de Além-Túmulo
Série de reportagens históricas sobre Chico Xavier em 1935
Luciano Klein Filho, Marcus V. Monteiro e Rogério Silva

A vida simples de quem não conheceu a ambição da fama, mas dedicou sua existência na propagação do amor, da paz e da fraternidade entre as criaturas é contada em *Mensagens de Além-Túmulo*. A história de Chico Xavier é descrita em reportagens dos jornais *O Globo* e *O Povo*, que mostram como foi o começo de sua missão como médium até seus últimos dias terrenos.

Milagres dos Nossos Dias, Os
August Bez

Aqui, o leitor tomará conhecimento da trajetória de Jean Hillaire e de suas manifestações mediúnicas, revolucionárias para a sua época. Homem simples, exerceu as humildes profissões de tamanqueiro e trabalhador rural. Era quase iletrado e vivia restrito à região de Charente-Inférieure, aldeia de Sonnac, sul da França. *Os Milagres dos Nossos Dias* recupera a trajetória de Jean Hillaire por meio da obra de Auguste Bez para os dias de hoje.

MADRAS® Editora — CADASTRO/MALA DIRETA

Envie este cadastro preenchido e passará a receber informações dos nossos lançamentos, nas áreas que determinar.

Nome _____

RG _____ CPF _____

Endereço Residencial _____

Bairro _____ Cidade _____ Estado ___

CEP _____ Fone _____

E-mail _____

Sexo ❏ Fem. ❏ Masc.   Nascimento _____

Profissão _____ Escolaridade (Nível/Curso) _____

Você compra livros:
- ❏ livrarias
- ❏ feiras
- ❏ telefone
- ❏ Sedex livro (reembolso postal mais rápido)
- ❏ outros: _____

Quais os tipos de literatura que você lê:
- ❏ Jurídicos
- ❏ Pedagogia
- ❏ Business
- ❏ Romances/espíritas
- ❏ Esoterismo
- ❏ Psicologia
- ❏ Saúde
- ❏ Espíritas/doutrinas
- ❏ Bruxaria
- ❏ Auto-ajuda
- ❏ Maçonaria
- ❏ Outros: _____

Qual a sua opinião a respeito dessa obra? _____

_____

Indique amigos que gostariam de receber MALA DIRETA:

Nome _____

Endereço Residencial _____

Bairro _____ Cidade _____ CEP _____

Nome do livro adquirido: ***Traços do Infinito***

Para receber catálogos, lista de preços e outras informações, escreva para:

MADRAS EDITODA LTDA.
Rua Paulo Gonçalves, 88 — Santana — 02403-020 — São Paulo/SP
Caixa Postal 12299 — CEP 02013-970 — SP
Tel.: (0_ _ 11) 6959-1127 — Fax.:(0_ _ 11) 6959-3090
www.madras.com.br

Este livro foi composto em Times New Roman, corpo 11/12.
Papel Offset 75g – Bahia Sul
Impressão e Acabamento
Gráfica Palas Athena – Rua Serra de Paracaina, 240 – Cambuci – São Paulo/SP
CEP 01522-020 – Tel.: (0_ _11) 3209-6288 – e-mail: editora@palasathena.org